Hanna Mayer (Hg.) **Übungsheft** *Pflegeforschung*

Hanna Mayer (Hg.)

Übungsheft
Pflegeforschung

Unter Mitarbeit von

Karoline Koch, Graz
Waltraud Koller, Graz
Gudrun Lederhaas, Leoben
Paul Resetarics, Neunkirchen
Brigitte Rest, Tulln
Anna Maria Schober, Ried/Innkreis
Alfred Steininger, Wien

facultas

Hanna Mayer,
Mag. Dr., DGKS, Studium der Pädagogik, Lektorin für Pflegewissenschaft an der Universität Wien und der FHS Feldkirchen. Freiberuflich tätig in der Pflegewissenschaft und -forschung, Unterricht an Universitätslehrgängen und Fachhochschulen international, Autorin mehrerer erfolgreicher Publikationen.

Bibliografische Information Der Deutschen Bibliothek

Die Deutsche Bibliothek verzeichnet diese Publikation in der Deutschen Nationalbibliografie; detaillierte bibliografische Daten sind im Internet über http://dnb.ddb.de abrufbar.

Facultas Universitätsverlag, Berggasse 5, A-1090 Wien

Lektorat: Sabine Schlüter
Umschlaggestaltung, Typografie, Satz: Michael Karner, www.typografie.co.at
Druck: Druckerei Holzhausen, Wien
Printed in Austria
ISBN 3-85076-666-7

Inhaltsverzeichnis

Kapitel

1

1 Wir wissen und können handeln, weil wir aus unterschiedlichen Quellen Wissen schöpfen. Welche sind diese Quellen?

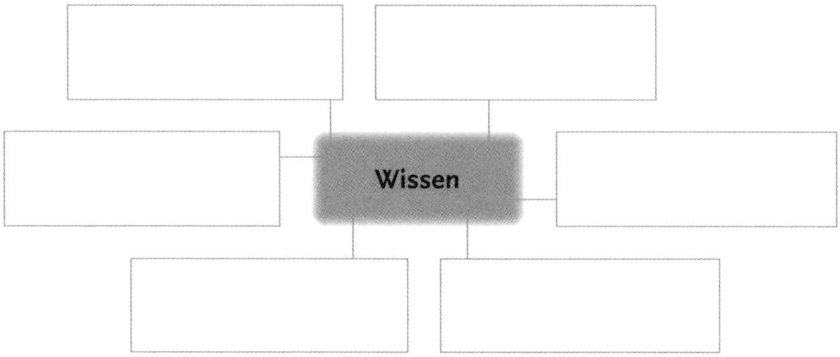

❶ 8 **2** Jede dieser Wissensquellen ist für das (berufliche) Handeln wichtig und birgt Vorteile, aber auch Nachteile. Nennen Sie je zwei Vorteile und zwei Nachteile der folgenden Wissensquellen:

	Vorteil	**Nachteil**
Intuition		
Versuch und Irrtum		
Erfahrung		
Tradition und Autorität		
logisches Schlussfolgern		
wissenschaftliches Erforschen		

3 Für Fortgeschrittene

Bei der folgenden Übung haben Sie fünf Beispiele aus der Pflegepraxis vor sich, die Handlungen von Pflegenden beschreiben. Jede dieser Handlungen beruht auf einer der Wissensquellen, die im Lehrbuch in Kapitel 1.1 besprochen wurden. Lesen Sie diese Beispiele gut durch und überlegen Sie, auf welchen Wissensquellen das Verhalten der Pflegeperson beruhen könnte. Versuchen Sie Ihre Wahl zu begründen.

Anmerkung: Diese Übung eignet sich auch sehr gut für eine Kleingruppenarbeit (max. fünf Personen).

Beispiel 1

Während eines Praktikums auf der Kinderabteilung beobachten Sie, wie ein Kleinkind damit beschäftig ist, unterschiedliche geometrische Bausteine durch einen bestimmten, für den jeweiligen Baustein passenden Ausschnitt einer Schachtel zu schieben. Es probiert mit jedem Stein so lange, bis es die passende Öffnung gefunden hat. Auf welcher Wissensquelle beruht der Erfolg des Kleinkindes?

- ○ Erfahrung
- ○ Tradition und Autorität
- ○ wissenschaftliches Erforschen
- ○ Versuch und Irrtum
- ○ Intuition
- ○ logisches Schlussfolgern

Begründung:

Beispiel 2

Es wird eine Arbeitsgruppe gebildet, die von der Pflegedienstleitung den Auftrag bekommt, einen Standard für die Thromboseprophylaxe zu erstellen. Die Mitglieder der Arbeitsgruppe recherchieren in einschlägigen Datenbanken nach Forschungsarbeiten zu diesem Thema, die die Grundlage des neuen Standards bilden sollen. Welcher Wissensquelle bedienen sich die KollegInnen bei der Erarbeitung des Standards?

- ○ Erfahrung
- ○ Tradition und Autorität
- ○ wissenschaftliches Erforschen
- ○ Versuch und Irrtum
- ○ Intuition
- ○ logisches Schlussfolgern

Begründung:

Beispiel 3

Sie machen ein Praktikum auf einer chirurgischen Abteilung. Dort erklärt man Ihnen, dass die Patienten nach einer Blinddarmoperation einen Tag lang nicht aufstehen dürfen. Als Sie nach der Begründung dafür fragen, erhalten Sie zur

Antwort, dass dies vor einigen Jahren vom Abteilungsvorstand so festgelegt wurde. Auf welcher Wissensquelle beruht diese Begründung?

- ○ Erfahrung
- ○ Tradition und Autorität
- ○ wissenschaftliches Erforschen
- ○ Versuch und Irrtum
- ○ Intuition
- ○ logisches Schlussfolgern

Begründung:

Beispiel 4

Während eines ruhigen Nachtdienstes beschleicht die Pflegende ein unruhiges Gefühl in Bezug auf einen bestimmten Patienten. Obwohl kein Schwesternruf betätigt wurde und keinerlei Geräusche auf der Station zu hören sind, sieht sie nach dem Patienten und findet ihn neben seinem Bett liegend vor. Offensichtlich ist er aus dem Bett gestürzt und konnte nicht selbst wieder aufstehen. Auf welcher Wissensquelle beruht das Verhalten der Pflegenden?

- ○ Erfahrung
- ○ Tradition und Autorität
- ○ wissenschaftliches Erforschen
- ○ Versuch und Irrtum
- ○ Intuition
- ○ logisches Schlussfolgern

Begründung:

Beispiel 5

Als Auszubildende im letzten Ausbildungsjahr werden Sie auf einer Palliativstation eingesetzt. Der professionelle und einfühlsame Umgang der KollegInnen mit Sterben und Tod beeindruckt Sie zutiefst und Sie wollen wissen, was diesen KollegInnen die Kraft und die Motivation dazu verleiht. So entschließen Sie sich, im Rahmen Ihrer Fachbereichsarbeit in Kooperation mit der Forschungsbeauftragten des Hauses Interviews durchzuführen und auszuwerten. Durch diese Arbeit können Sie Ihre Frage »Was motiviert Pflegende, sterbende Patienten zu betreuen, wie bewältigen sie die Belastungen und was gibt ihnen Kraft?« beantworten. Aus welcher Wissensquelle schöpfen Sie, wenn Sie so vorgehen?

- ○ Erfahrung
- ○ Tradition und Autorität
- ○ wissenschaftliches Erforschen
- ○ Versuch und Irrtum
- ○ Intuition
- ○ logisches Schlussfolgern

Begründung:

4 Viele Probleme können durch logisches Schlussfolgern gelöst werden. Was aber ist Logik?

5 Wissenschaftliches Erforschen ist eine wichtige Wissensquelle. Im folgenden Satz sind die wichtigsten Merkmale dieser Wissensquelle festgehalten. Ergänzen Sie den Lückentext. Die Anfangsbuchstaben der fehlenden Worte sind als Hilfe vorgegeben.

Wissenschaftliches Erforschen basiert auf l . . . . Gedankengängen. Es bietet die Möglichkeit, A . . . . , V . . . . , Aussagen von A . . . . und logische Sch . . . . . zu ü . . . . und zu beweisen.

6 Logisches Denken ist von fundamentaler Wichtigkeit für Wissenschaft und Forschung. Doch ist logisches Denken der Ausgangspunkt, die Grundlage der Wissenschaft, oder ist es ihr Ziel, ihr Ergebnis? Welche der beiden folgenden Aussagen ist richtig?

1. Logisches Denken ist das Ergebnis von Wissenschaft und Forschung. ○
2. Logisches Denken ist die Grundlage von Wissenschaft und Forschung. ○

7 Logisches Schlussfolgern kann auf zwei Wegen erfolgen. Welche sind diese? Kreuzen Sie die richtige Antwort an!

1. Hypothese und Überprüfung ○
2. Theorie und Empirie ○
3. Induktion und Deduktion ○

8 Welche Aussage ist richtig?

1. Induktion ist die Verallgemeinerung einer Theorie. ○
2. Induktion ist das Schließen vom Besonderen (vom Einzelfall) auf etwas Allgemeines. ○
3. Induktion ist das Schließen vom Allgemeinen auf das Besondere (auf einen Einzelfall). ○
4. Deduktion ist das Schließen vom Besonderen (vom Einzelfall) auf etwas Allgemeines. ○
5. Deduktion ist die Verallgemeinerung einer Theorie. ○
6. Deduktion ist das Schließen vom Allgemeinen auf das Besondere (auf einen Einzelfall). ○

9 Beim deduktiven Schlussfolgern geht man von Hypothesen aus. Was aber ist eine Hypothese? Kreuzen Sie diejenige Aussage an, die am treffendsten erklärt, was eine Hypothese ist.

Eine Hypothese ist …

1. eine richtige Aussage. ○
2. eine falsche Aussage. ○
3. eine Aussage, die je nach Zusammenhang richtig oder falsch sein kann. ○
4. eine Aussage, von der man sicher weiß, dass sie richtig ist. ○
5. eine Aussage, von der man sicher weiß, dass sie falsch ist. ○
6. eine Aussage, von der man vermutet, dass sie richtig ist. ○
7. eine Aussage, von der man vermutet, dass sie falsch ist. ○
8. eine Aussage, die nur teilweise richtig ist. ○
9. eine Aussage, die man überprüft hat. ○
10. eine Aussage, die weder falsch noch richtig ist. ○
11. eine Aussage, von der man dachte, dass sie falsch sei, die sich aber als richtig erwiesen hat. ○
12. eine Aussage, von der man dachte, dass sie richtig sei, die sich aber als falsch erwiesen hat. ○

10 Für Fortgeschrittene:
Auf welchem Erkenntnisweg befinden Sie sich? Diese Frage ist bei der nächsten Übung für jedes Beispiel zu beantworten. Lesen Sie die Beispiele genau durch und überlegen Sie, ob dabei der deduktive oder der induktive Erkenntnisweg eingeschlagen wurde. Begründen Sie Ihre Wahl.

HINWEIS
Wenn Sie die vorigen Beispiele richtig gelöst haben, können Sie auch diese Übung bewältigen. Im Zweifelsfall lesen Sie in Kapitel 1.1 des Lehrbuchs oder im Glossar unter den Begriffen »Deduktion« und »Induktion« nach.

Anmerkung: Diese Übung eignet sich auch sehr gut für eine Kleingruppenarbeit (max. fünf Personen).

Beispiel 1
In der Zeitung haben Sie gelesen, dass die Zahl der nikotinabhängigen Jugendlichen stetig im Steigen ist und bereits jeder zweite Jugendliche regelmäßig zur Zigarette greift. Diese allgemeine Aussage möchten Sie in Ihrer Schule überprüfen und geben dazu einen Fragebogen aus, der die Anzahl der RaucherInnen

sowie deren Nikotinabhängigkeit erfassen soll. Auf welchem Erkenntnisweg befinden Sie sich? Begründen Sie Ihre Aussage.

○ Deduktion
○ Induktion

Begründung:

Beispiel 2
Eine Lehrerin hat schon lange Interesse daran, zu erfahren, was Jugendliche und insbesondere zukünftige Gesundheits- und Krankenschwestern oder -pfleger dazu veranlasst, zu rauchen. Sie beginnt nun zu beobachten, in welchen Situationen die SchülerInnen rauchen und führt mit ihnen Gespräche darüber, was sie veranlasst, zur Zigarette zu greifen. Sie hofft, dadurch eine Antwort auf ihre Frage zu bekommen.

○ Deduktion
○ Induktion

Begründung:

Beispiel 3
Das Lehrerteam kommt in einer seiner Sitzungen zu der Ansicht, dass es notwendig ist, den Nikotinkonsum innerhalb des Schulgebäudes zu reduzieren. Nachdem sie sich nach Erfahrungen an anderen Schulen erkundigt und einschlägige Fachliteratur zu dem Thema gelesen haben, kommen die Lehrer zu der Hypothese, dass sich der Zigarettenkonsum um 50% reduzieren würde, wenn der Raucherraum geschlossen würde. Zwecks Überprüfung der Hypothese ist welcher Erkenntnisweg notwendig?

○ Deduktion
○ Induktion

Begründung:

11 Oft sind wir uns bei dem, was wir wissen oder tun, gar nicht sicher – wir zweifeln also. Mit dem Zweifel am eigenen Wissen und Handeln kann man ganz verschieden umgehen. Wie geht das Alltagsdenken mit dem Zweifel um und wie das wissenschaftliche Denken?

12 Zwischen alltäglichem und wissenschaftlichem Denken und Handeln gibt es Unterschiede, die sich anhand einiger wichtiger Punkte gegenüberstellen lassen. Ordnen Sie die folgenden Begriffe richtig zu:

Sicherung des Erkannten – systematisiertes Wissen – organisierte Erkenntnis – Vermeidung von Zweifel – in schriftlicher Form weitergegebene Erkenntnis – erfahrungsnahe Sprache – Konzentration auf eine Deutung – Aufdecken von und Suche nach Alternativen – Zweifel am Erkannten – routiniertes Handeln – selbstverständliche Annahme von Mehrdeutigkeiten – nicht-systematisiertes Wissen – vorwiegend mündlich weitergegebene Erkenntnis – Vermeidung von Alternativen – Systematisierung des Zweifels – erfahrungsferne Sprache – reflektiert-methodisches Handeln – nicht-organisierte Erkenntnis

Alltag	**Wissenschaft**

13 Welche der beiden Definitionen von Wissenschaft ist die richtige?

1. Unter Wissenschaft versteht man jede Handlung, die dazu dient, wissenschaftliche Erkenntnis zu gewinnen. Wissenschaft ist also Forschung und Bildung von Theorien. ○
2. Unter Wissenschaft versteht man die Gesamtheit der Erkenntnisse, die auf wissenschaftlichem Wege und mithilfe von methodischem Vorgehen gewonnen wurde. ○

14 Welche der folgenden Definitionen von Wissenschaftstheorie ist die richtige?

Definition 1
Wissenschaftstheorie beschäftigt sich mit dem Weg, auf dem Forschungsmethoden entwickelt werden. ○
Definition 2
Wissenschaftstheorie stellt den einzelnen Wissenschaften Theorien zur Verfügung. ○
Definition 3
Wissenschaftstheorie beschäftigt sich mit dem Weg, auf dem wissenschaftliche Erkenntnis gewonnen wird. ○
Definition 4
Wissenschaftstheorie ist die Gesamtheit der wissenschaftlichen Erkenntnis. ○

Begründen Sie Ihre Wahl!

15 Zwei unterschiedliche wissenschaftstheoretische Positionen sind der Positivismus und der Interpretativismus. Begründen Sie, warum diese beiden Positionen so heißen!

16 Ordnen Sie den beiden Positionen Positivismus und Interpretationismus die folgenden Begriffe zu (Anmerkung: Den beiden Positionen müssen nicht gleich viele Begriffe zugeordnet werden).

HINWEIS

Wenn Ihnen diese Aufgabe schwer fällt, dann lesen Sie im entsprechenden Abschnitt des Lehrbuchs, Kap. 1.1, nach!

Induktion, Deduktion, Philosophie, vorgegebene Realität, messbar, Gesetzmäßigkeit, erklären, verstehen, Objektivität, Subjektivität, Anthropologie, vom Zusammenhang abhängige Wahrheit, endgültige Wahrheit, Naturwissenschaft, Interpretation

Positivismus	**Interpretativismus**

17 Forschung ist ein wichtiger Bestandteil, ein tragendes Element von Wissenschaft. Was ist das Ziel von Forschung und wie erreicht man es?

Das Ziel von Forschung ist

Man kann es erreichen durch

18 Es gibt zwei Möglichkeiten, Wissen zu vermehren. Welche sind diese?

Wissen wird vermehrt, indem man

1.

2.

19 In diesem Buchstabenwirrwarr befinden sich sowohl senkrecht als auch waagrecht wichtige Begriffe, die in Kapitel 1 »Wissen, Wissenschaft und Forschung« vorgekommen sind. Die Definitionen werden Ihnen helfen, die Begriffe zu finden.

Senkrecht

▽ Bezeichnung für »Aus-dem-Bauch-heraus-Handeln«
▽ Schließen vom Besonderen auf das Allgemeine

Waagrecht

▷ »Überbau« aller Wissenschaften; beschäftigt sich damit, auf welchem Weg wissenschaftliche Erkenntnis gewonnen werden kann
▷ Oberbegriff für alle Wissenschaften, die sich mit dem menschlichen Handeln beschäftigen
▷ Oberbegriff für alle Wissenschaften, die sich mit der Beschreibung, Begründung und Erklärung von Erscheinungen der Natur beschäftigen
▷ Schließen vom Allgemeinen auf das Besondere
▷ wissenschaftliche Vermutung

S	O	Z	I	A	L	W	I	S	S	E	N	S	C	H	A	F	T	E	N	A	Q	Z	N
S	M	W	I	S	S	E	N	S	C	H	A	F	T	S	T	H	E	O	R	I	E	U	I
S	L	G	N	V	N	O	T	F	B	J	N	R	R	S	C	N	R	R	S	C	N	W	F
M	P	R	D	Z	W	S	U	A	Q	Z	N	D	E	D	U	K	T	I	O	N	D	I	B
N	A	S	U	R	R	S	I	B	A	W	K	F	B	J	N	O	E	Y	S	A	V	X	N
O	S	E	K	N	N	A	T	U	R	W	I	S	S	E	N	S	C	H	A	F	T	E	N
Z	O	T	T	S	A	V	I	O	D	I	C	G	B	H	I	F	B	J	N	O	K	H	L
V	Z	T	I	H	Y	P	O	T	H	E	S	E	C	G	B	H	I	F	B	J	N	O	O
A	I	E	O	O	D	I	N	W	V	N	O	T	D	E	Y	S	A	V	T	X	N	L	L
X	S	Z	N	C	G	B	H	I	X	C	B	A	W	K	I	O	D	I	C	G	B	H	I

Notizen

Kapitel

2

1 Pflegewissenschaft kann als die Wissenschaft vom Phänomen »Pflege« bezeichnet werden. Wenn man dies näher erklären möchte, stößt man auf den Begriff »Schlüsselkonzept«. Was sind Schlüsselkonzepte?

2 Nennen Sie die vier Schlüsselbegriffe der Pflegewissenschaft nach Stefan Görres!

1.

2.

3.

4.

3 Apropos Schlüsselbegriffe – was ist eigentlich ein Paradigma? Und was bedeutet der Paradigmenwechsel in der Pflege?

4 Lisbeth Hockey war die Pionierin der Pflegeforschung in Europa. Sie hat auch eine gute Definition von Pflegeforschung geliefert. Wenn Sie die Lücken ausfüllen, können Sie die Definition wiederholen.

Krankenpflegeforschung ist Forschung auf dem Gebiet des . . . ., in dem die Krankenschwester den größten Teil der Verantwortung trägt. Krankenpflegeforschung bemüht sich, ... zu vermehren, das die Schwester braucht, um effektiv zu wirken.

5 Ergänzen Sie den Lückentext:

Pflegeforschung ist das Mittel der Pflegewissenschaft, um ...

- . . . . zu überprüfen,
- Fragestellungen aus . . . . aufzugreifen und zu beantworten und
- Grundlagen für die Entwicklung neuer . . . . zu liefern. Kenntnisse und Erfahrungen, Handlungen und Wissenschaft werden durch Forschung . . . .

6 In den folgenden Text haben sich einige Fehler eingeschlichen. Finden Sie diese!

Forschung und Praxis beruhen auf zwei ganz unterschiedlichen Traditionen. Forschung steht in der Tradition der Erfahrung. Die Pflegepraxis steht in der Tradition des Dienens und Helfens; sie hat keine intellektuelle, sondern eine handlungsorientierte Tradition. Außerdem stützt die Pflegepraxis sich v. a. auf die Erkenntnisse anderer Wissenschaften (z. B. der Medizin) und gibt sich damit zufrieden. Pflegeforschung hingegen meint, dass Pflege eigenes Wissen beinhaltet, also ein eigenes Wissensgebiet darstellt – eine Tatsache, die für jedermann leicht ersichtlich ist.
Pflegen und heilen sind ursprünglich Tätigkeiten, die von ein und derselben Person ausgeübt wurden. Im 19. Jahrhundert wuchsen beide Bereiche noch enger zusammen. Das Heilen ging in der Medizin auf, die zur Wissenschaft wurde. Das Pflegen wurde zu einem wichtigen Aufgabenbereich der Frauen, die sich aus dem öffentlichen Leben zurückzogen und die Abgeschiedenheit des Krankenhauses suchten. Die Pflege wurde der Medizin gleichgestellt und als Hilfsberuf mit eigenem Wissensgebiet angesehen. Man war der Ansicht, dass Pflegende sich intellektuell betätigen (d. h. nachdenken und forschen) sollten und dass das auch der Natur der Frau entsprach.
Die Hypnagogie, die »Wissenschaft und Kunst von der Verwendung der unterstützenden Hilfsmittel«, wurde als Teilbereich der Krankenpflege angesehen. Sie beschäftigte sich mit Pflegethemen: der Lagerung der Kranken, der Gestaltung ihrer Umgebung, der Ernährung etc. Auf diese Weise wurde erstmals der Gegenstand der Pflegeforschung umschrieben. Die Hypnagogie als wissenschaftliche Disziplin entfernte sich jedoch von der Pflegewissenschaft und kam in ihrer Entwicklung schließlich zum Stillstand.
Die Pflegewissenschaft kam in den USA erstmals an die Universitäten. Der erste Lehrstuhl wurde 1937 in New York an der Columbia Universität eingerichtet und an Agnes Karll vergeben. Die erste wissenschaftliche Zeitschrift hieß »Nursing Research«. Das erste Land Europas, in dem Pflegewissenschaft an der Universität gelehrt wurde, war Dänemark.

Fehler 1 ______

Fehler 2 ______

Fehler 3 ______

Fehler 4 ______

Fehler 5 ______

Fehler 6 ______

Fehler 7 ______

Fehler 8 ....

Fehler 9 ....

Fehler 10 ....

Fehler 11 ....

Fehler 12 ....

7 Wenn Sie den vorangegangenen Text und seine Fehler durchgearbeitet haben, wissen Sie viele wichtige Dinge über die Geschichte der Pflege. Rufen Sie sich diese nochmals ins Gedächtnis zurück, indem Sie über folgende Fragen nachdenken:

1. Warum gestaltet sich die Partnerschaft zwischen Forschung und Praxis in der Pflege so schwierig? Was entfernt die Forschung so sehr von der Praxis?
2. Wie lässt sich die schwierige Partnerschaft zwischen Pflegeforschung und Pflegepraxis aus der Geschichte der Pflege verstehen?
3. Wann wurde erstmals der Gegenstand der Pflegeforschung beschrieben und wie kam es dazu? Wie hieß diese Wissenschaft damals?
4. Wo etablierte sich die Pflegewissenschaft erstmals an der Universität? Wo und wann wurde der erste Lehrstuhl für Krankenpflege errichtet und wer hatte ihn inne?
5. Wie hieß die erste wissenschaftliche Pflegezeitschrift?
6. In welchem europäischen Land wurde Pflegewissenschaft erstmals an der Universität gelehrt?

8 Ergänzen Sie die fehlenden Worte im folgenden Text über die Institutionalisierung der Pflegeforschung.

In erster Linie ist mit Institutionalisierung die Etablierung der Pflegeforschung an . . . . gemeint. Darüber hinaus bedeutet Institutionalisierung von Forschung

1. die Errichtung von universitären und außeruniversitären . . . . ,
2. die Verankerung der Forschung im k . . . . ,
3. die Herausgabe von wissenschaftlichen . . . . und
4. die Veranstaltung wissenschaftlicher . . . . / . . . .

9 Wozu dienen Punkt 3 und 4 der letzten Frage? Was soll dadurch erreicht werden?

....

....

10 O weh! Die drei Ziele der Pflegeforschung sind völlig durcheinander geraten. Die Buchstaben, aus denen sie bestehen, sind jedoch Gott sei Dank alle noch da und in diesem Gitternetz gefangen. Zum Glück kann man auch erkennen, welche Buchstaben jeweils zu den drei Zeilen gehören. Bringen Sie Ordnung in diesen Haufen und weisen Sie den Buchstaben ihren richtigen Platz zu, sodass man die drei Ziele der Pflegeforschung wieder lesen kann.

T	*e*	*e*	*d*	*r*	*s*	u	*i*	*n*	*e*
d	o	*t*	**i**	P	*V*	*l*	**o**	f	*e*
e	**w**	*f*	*d*	*S*	e	*e*	g	**i**	*o*
r	i	*r*	*b*	**h**	*g*	n	**u**	*P*	e
m	**g**	*s*	*n*	**t**	*d*	*i*	*P*	*e*	o
s	*t*	**e**	r	**k**	s	**c**	**e**	i	*a*
n	*d*	*a*	*r*	*r*	*n*	*e*	r	*u*	e
r	**e**	*a*	*d*	n	l	**r**	**l**	s	*u*
f	*t*	*e*	**n**	g	**n**	e	*e*	*t*	g
i	l	*e*	a	*t*	P	*n*	i	*u*	*i*

1.

2.

3.

11 Die Pflegepraxis ist zweifellos ein sehr wichtiger Gegenstandsbereich der Pflegeforschung. Man kann an ihr jedoch verschiedene Dinge beforschen. Nennen Sie zwei davon:

1. ______________________________

2. ______________________________

12 Ein weiterer wichtiger Gegenstand der Pflegeforschung ist die Pflege als Beruf. Auch hier kann man nach verschiedenen Dingen forschen: nach der Berufsgruppe, nach der Berufsausübung oder nach der Geschichte des Pflegeberufs. Ordnen Sie die folgenden Themen diesen Forschungsgebieten zu.

Untersuchungen zum Anteil von Männern und Frauen in der Pflege – Untersuchungen zur Entwicklung des Pflegeberufs – Untersuchungen zur Rolle der Pflegenden in der NS-Zeit – Untersuchungen zu den Belastungen der Pflegenden – Untersuchungen zu den Karrierechancen in der Pflege – Untersuchungen zum durchschnittlichen Einkommen der Pflegenden – Untersuchungen darüber, welche Faktoren für den schleichenden Verlust der Kommunikation zwischen Pflegeperson und PatientIn ausschlaggebend sind – Untersuchungen zur Motivation, den Pflegeberuf zu ergreifen – Untersuchungen zum Helfer-Syndrom in der Pflege – Untersuchungen zum Einfluss der katholischen Kirche auf die Entwicklung der Berufsgruppe – Untersuchungen zum Verhältnis zwischen Medizin und Pflege – Untersuchungen zum Ausstieg aus dem Pflegeberuf

Forschung zur Berufsgruppe

____

____

____

Forschung zur Berufsausübung

____

____

____

Forschung zur Geschichte der Pflege

____

____

____

13 Auch die Ausbildung ist ein wichtiger Gegenstandsbereich der Pflegeforschung, und auch hier werden verschiedene Themen beforscht. Eines der folgenden Themen gehört nicht zum Bereich Ausbildung. Welches?

1. Bildungspolitik ○
2. Transferprozesse von erworbenem Wissen ○
3. Lehr- und Lernprozesse ○
4. Curriculumsforschung ○
5. Leistungsfähigkeit in der Praxis ○
6. Effektivität der Ausbildung ○

14 Sie haben jetzt etliche Fragen zu den Gegenstandsbereichen der Pflege beantwortet. Rufen Sie sich diese drei Bereiche noch einmal ins Gedächtnis und schreiben Sie sie nieder:

1. ______
2. ______
3. ______

15 Es ist umstritten, ob Pflegeforschung nur von Pflegepersonen durchgeführt werden soll oder ob sie z. B. auch von Medizinern geleistet werden könnte. Was spricht dafür, nur Pflegepersonen mit Pflegeforschung zu betrauen?

______

______

______

______

______

16 Die in Großbritannien entwickelte Ausbildungspyramide für Pflegeforschung hat drei Wissensebenen. Welche Personengruppen sollen über welchen Wissensstand verfügen? Ergänzen Sie die Zuordnungen.

Wissensebene	Personengruppe
Umfassende wissenschaftliche Kenntnisse	______________
Einige Kenntnisse über Forschung	______________
______________	alle Pflegepersonen

17 Verständnis für Forschung gehört zu den Grundkenntnissen, über die alle Pflegepersonen verfügen sollten. Was aber versteht man unter »Verständnis für Forschung«? Ergänzen Sie den Lückentext.

Verständnis für Forschung bedeutet, ...

- zu verstehen, dass Forschung die . . . . für die berufliche Praxis ist;
- fähig zu sein, Forschungsergebnisse zu . . . . . und . . . . ;
- darauf vorbereitet zu sein, die praktische Tätigkeit anhand von Forschungsergebnissen zu . . . .

18 Wer wissenschaftliche Studien durchführen will, muss über Forschungskompetenz verfügen. Im Folgenden sind einige Fähigkeiten aufgelistet, die Forschungskompetenz ausmachen. Nicht alle sind jedoch richtig. Finden Sie die richtigen davon heraus und kreuzen Sie sie an.

Forschungskompetenz bedeutet, ...

1. praxisrelevante Forschungsfragen stellen zu können. ○
2. Wissenschaftstheorien entwickeln zu können. ○
3. Pflegewissenschaft unterrichten zu können. ○
4. Resultate mit theoretischen Erkenntnissen und mit dem Forschungsfeld in Zusammenhang bringen und interpretieren zu können. ○
5. eindeutige und beweisbare Forschungsergebnisse erzielen zu können. ○
6. objektive, valide und reliable Ergebnisse erzielen zu können. ○
7. wissenschaftliche Literatur kritisch verarbeiten zu können. ○
8. mit den ethischen Problemen von Untersuchungen umgehen zu können. ○
9. Daten sammeln und analysieren zu können. ○
10. Forschungsergebnisse in die Praxis umsetzen zu können. ○
11. Untersuchungsansätze, -methoden und -instrumente kennen und entwickeln zu können. ○

19 Erklären Sie den Unterschied zwischen angewandter Forschung und Grundlagenforschung.

Angewandte Forschung ist ______________________________

____

Grundlagenforschung ist ______________________________

____

20 Welche der beiden folgenden Definition von »Forschungsanwendung« ist die richtige?

1. Forschungsanwendung heißt, eine neue wissenschaftliche Erkenntnis systematisch in die praktische Pflege einzubauen. ○
2. Forschungsanwendung heißt, die praktische Pflege mithilfe der Forschung ständig zu hinterfragen und zu überprüfen. ○

21 Es gibt verschiedene Gründe, warum Forschungsergebnisse nicht angewendet werden. Ordnen Sie den Begriff der jeweiligen Erklärung zu:

persönlich und beruflich bedingt – ausbildungsbedingt – umfeldbedingt – kommunikationsbedingt

1. Forschungsergebnisse werden v. a. unter WissenschaftlerInnen ausgetauscht und in einer Sprache publiziert, die für die meisten Pflegenden schwer verständlich ist.
   Dieses Hindernis ist ______________________________
2. Viele Pflegepersonen besitzen zu wenig Grundwissen über Forschung und verstehen sie daher nicht bzw. besitzen keine ausreichenden Englischkenntnisse, um Forschungsarbeiten zu lesen.
   Dieses Hindernis ist ______________________________
3. Vielfach fehlen die finanziellen Mittel oder die Unterstützung der Vorgesetzten, um Forschungsergebnisse in der Praxis umzusetzen.
   Dieses Hindernis ist ______________________________
4. Viele Pflegepersonen haben kein Vertrauen in die Wissenschaft, halten an tradiertem Wissen fest oder haben eine Abneigung gegen das Lesen und die Theorie.
   Dieses Hindernis ist ______________________________

22 Die Umsetzung von Forschungsergebnissen in die Pflegepraxis erfolgt in sieben Schritten. Leider ist die Reihenfolge dieser Schritte hier durcheinander gekommen. Ordnen Sie sie, indem Sie die Ziffern 1–7 eintragen.

Schritt ___: Man recherchiert Forschungsberichte zum Problem.
Schritt ___: Man entscheidet, ob die Neuerung übernommen, verändert oder abgelehnt wird.
Schritt ___: Man probiert die Neuerung aus und stellt fest, ob sie sich bewährt.
Schritt ___: Man identifiziert ein klinisches Problem.
Schritt ___: Man entwickelt Mittel, mit denen die erneuerte Praxis erhalten bleiben kann.
Schritt ___: Man plant eine solche Neuerung, die aus der Forschung stammt, und übernimmt sie.
Schritt ___: Man entwickelt ein Vorgehen, um die neue Praxis auf andere Stationen auszuweiten.

❷ 28

23 Was bedeutet »Evidence Based Nursing« auf Deutsch übersetzt?

____

24 Nachfolgend finden Sie verschiedene Aussagen zu EBN. Kreuzen Sie die zutreffenden an.

1. EBN ist eine Methode, um die Richtigkeit von Forschungshypothesen in der Praxis zu beweisen. ○
2. EBN ist ein Modell zur Forschungsanwendung. ○
3. EBN ist ein Prozess des Findens, Bewertens und Anwendens wissenschaftlicher Theorien in der Forschung. ○
4. EBN ist eine Methode zur Bewertung von Beweisen in der Pflegeforschung. ○
5. EBN ist ein Prozess des Findens, Bewertens und Anwendens wissenschaftlicher Erkenntnisse in der Praxis. ○
6. EBN ist eine Methode, um die Richtigkeit der Pflegepraxis zu beweisen. ○

25 Warum kann in der Pflege nicht immer nach EBN vorgegangen werden?

____

____

____

26 Wissenschaftliche Forschung, die sich auf Menschen bezieht, wirft immer auch ethische Fragen auf. In der Forschung wie in der Praxis haben Pflegende die Pflicht, die Rechte der PatientInnen zu schützen und zu wahren. Nennen Sie die drei Grundprinzipien, an die man sich bei ethischen Fragen in der Forschung halten kann.

1. ______________________________

2. ______________________________

3. ______________________________

27 Um von einer freiwilligen Teilnahme an einer Untersuchung sprechen zu können, müssen vier Voraussetzungen erfüllt werden:

1. Das Recht auf I . . . ., die für die E . . . . notwendig sind.
2. Die Freiheit der E . . . . (d. h. die E . . . . darf nicht e . . . . sein).
3. Das Recht, die T . . . . an der U . . . . zu ve . . . . n.
4. Das Recht, je . . . . aus der U . . . . aus . . . . n.

28 Wie wird die »aufgeklärte Einwilligung« noch bezeichnet? Wählen Sie die richtige Lösung aus den fünf Vorschlägen.

1. informed consign ○
2. informed consens ○
3. informed content ○
4. informed consent ○
5. informed conquest ○

29 In den Zeilen dieses Buchstabenwirrwarrs findet sich ein Merksatz über eine wichtige Aufgabe von Ethikkommissionen.

HINWEIS: *Der Satz ist nur in den waagrechten Zeilen verborgen!*

ALLEHASETHIKKOMMISSIONENEGUTAENNPRUEFENIE
PFLEGEDASSBEFORSCHUNGSPROJEKTEETHIKDASSBE
RGENUMERHALTSICHERZUSTELLENINFORMATIONEN
SEINDASSBESSHALTETHISCHEPATIENTENSTANDARDS
DSBEIEINGEHALTENGUTALLEBEWERDENEINWILLIGU
NGUNDALLEDASSIMMERSICHERMAARHALTENBEIDERI
SCHUTZALLEPATIENTENDERDASSVERSUCHSPERSONEN
KUMMERMAETIKAGESICHERTKEINEISTARKSEIWILLEN

Schreiben Sie den Merksatz heraus:

30 Für Fortgeschrittene

Stellen Sie sich vor, dass Sie eine Studie zum Thema »Kommunikation zwischen Pflegenden und PatientInnen bei der Köperpflege« planen. Entwerfen Sie eine Einwilligungserklärung, die von Pflegenden als TeilnehmerInnen an Ihrer Untersuchung unterschrieben werden soll. Geplant ist eine Beobachtung der Kommunikation zwischen PatientInnen und Pflegenden während der Körperpflege (waschen, duschen oder baden), und zwar täglich über einen Zeitraum von einem Monat. Beobachtet werden Situationen, in denen der Patient Hilfe braucht.

Anmerkung: Diese Übung eignet sich auch sehr gut für eine Partner- oder Kleingruppenarbeit (max. fünf Personen). Legen Sie Ihre Entwürfe am Schluss den jeweils anderen Gruppen oder Paaren zur Begutachtung vor.

31 Die folgenden Beispiele stellen Sie vor ethische Fragen im Zusammenhang mit Pflegeforschung. Kreuzen Sie an, wie sie sich korrekterweise verhalten sollten.

Beispiel 1

Sie möchten ein Experiment zur Aromapflege durchführen. Die Kontrollgruppe erhält keine Behandlung mit Aromaölen. Die PatientInnen sprechen darüber, und eine Patientin aus der Kontrollgruppe verlangt nach »Gleichbehandlung«. Was schlagen Sie vor?

1. Untersuchung beenden und Kontrollgruppe gleich behandeln. ○
2. Die Patientin wird aus dem Experiment herausgenommen und mit Aromaölen behandelt. ○
3. Die Patientin kommt in die Experimentalgruppe und wird mit Aromaölen behandelt. ○
4. Die Patientin wird über das Experiment noch einmal informiert und bleibt in der Kontrollgruppe. ○

Beispiel 2

Als diplomierte Gesundheits- und Krankenschwester werden Sie gebeten, an einer Untersuchung teilzunehmen. Sie bekommen den Auftrag, Beobachtungen durchzuführen, ob und wie Pflegende die Sicherheitsmaßnahmen beim Vorbereiten der Chemotherapie einhalten.

1. Sie nehmen auf Grund Ihrer eigenverantwortlichen Tätigkeit »Mitwirkung an der Pflegeforschung« den Auftrag auf jeden Fall an. ○
2. Sie nehmen den Auftrag an, wenn er von der Ethikkommission als unbedenklich eingestuft wurde. ○
3. Sie nehmen die Aufgabe an, wenn die Zustimmung der Pflegenden gesichert ist. ○
4. Sie lehnen den Auftrag ab, weil Sie die Pflegenden nicht informieren können, ohne dass das Ergebnis der Untersuchung verfälscht wird. ○

Beispiel 3

Sie haben mit einigen KollegInnen einen Fragebogen zum Thema »Zufriedenheit mit der angebotenen Pflege« entwickelt. Eine Kollegin schlägt vor, die Fragebögen unauffällig zu kennzeichnen, um die unzufriedenen Patienten gleich herauszufinden.

1. Sie finden die Idee gut, um rasch reagieren zu können. ○
2. Sie lehnen den Vorschlag ab, um das Vertrauen der Patienten zu sichern. ○
3. Sie grenzen die Kennzeichnung auf eine »Problemstation« ein. ○
4. Sie lehnen diesen Vorschlag ab, um keine rechtlichen Probleme zu bekommen. ○

32 Am Ende dieses Kapitels gibt es ein Kreuzworträtsel. Wenn Sie die Aufgaben bis hierher gelöst haben, wird es Ihnen nicht mehr schwer fallen!

HINWEIS: *Umlaute beanspruchen zwei Kästchen: ä = ae, ö = oe, ü = ue*

Waagrecht

1 Hauptperspektive der Medizin (englisch)
2 Abkürzung für die englische Bezeichnung der Arbeitsgruppe europäischer Pflegeforscherinnen
3 Bezeichnung für die Wissenschaft, die sich mit dem Phänomen »Pflege« auseinandersetzt
4 Grundrecht von ForschungsteilnehmerInnen; es geht dabei um die Geheimhaltung ihrer Identität
5 Gremium, das prüft, ob bei Forschungsprojekten in der Praxis der Schutz der TeilnehmerInnen gesichert ist
6 Bezeichnung für Eigenschaften, Fähigkeiten etc., die man braucht, um wissenschaftliche Forschung durchführen zu können
7 Wissenschaft von der Entstehung, Verbreitung, Bekämpfung und den sozialen Folgen von Epidemien und zeittypischen Massenerkrankungen
8 Bezeichnung für die wirtschafts- und sozialpolitische Bevölkerungsbewegung; ein Grund für den Wandel im österreichischen Gesundheitssystem

Senkrecht

1 Schlüsselbegriff in der Pflegewissenschaft, bei dem es um das physische, psychische, soziale und ökologische Milieu geht
2 Nachname der Pionierin der Pflegeforschung in Österreich
3 Nachname der Krankenschwester, die den ersten Lehrstuhl für Krankenpflege (USA, 1907) innehatte
4 Lehre vom sittlichen und moralischen Handeln
5 Hauptperspektive der Pflegewissenschaft (englisch)
6 Nachname der Pionierin der Pflegeforschung in Großbritannien
7 Abkürzung für die englische Bezeichnung von »beweisbasierte Pflege«
8 Name der ersten pflegewissenschaftlichen Zeitschrift im deutschsprachigen Raum

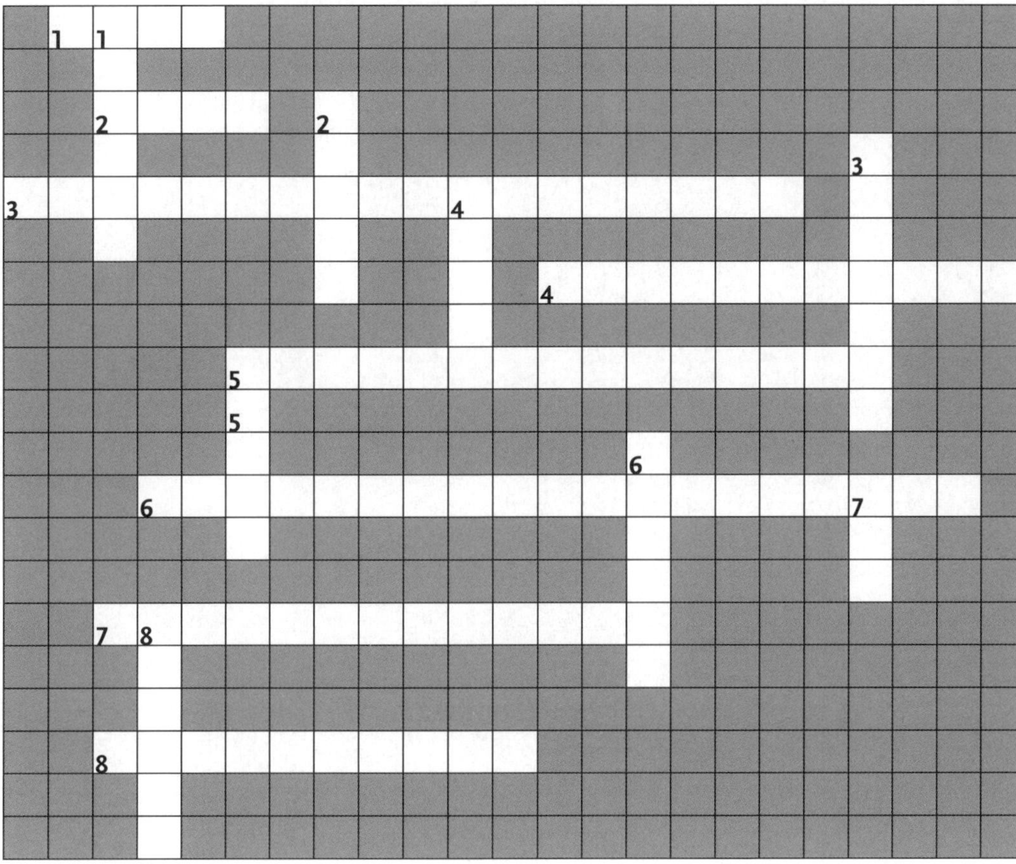

Notizen

Kapitel

3

1 Bei dieser Aufgabe geht es um die Grundprinzipien quantitativer und qualitativer Forschung. Die Charakteristika der beiden Ansätze sind in der folgenden Tabelle wie Gegensatzpaare einander gegenübergestellt. Ergänzen Sie die Tabelle.

quantitative Forschung	**qualitative Forschung**
Prinzip der N . . . . wissenschaften	Prinzip der G . . . . . . - und H . . . . wissenschaften
objektiv	. . . .
. . . .	induktiv
theoriegeleitet	. . . .
. . . .	offen
Entwicklung von G	Entwicklung von K . . . . und T . . . .

2 Nun wird es Ihnen auch nicht mehr schwer fallen, die folgenden Definitionen von qualitativer und quantitativer Forschung zu ergänzen:

Quantitative Forschung ist t . . . . . . geleitet. Sie bedient sich st . . . . Erhebungsmethoden und verwendet sta . . . . Techniken, um Daten auszuwerten. Ihr Ziel ist es, möglichst o . . . . (von den ForscherInnen unabhängige) nummerische Daten (Z . . . . .) zu produzieren, diese miteinander in Verbindung zu setzen und daraus allgemein . . . . Aussagen abzuleiten.

Mit qualitativer Forschung will man Phänomene des menschlichen E . . . . möglichst ganzheitlich und von innen heraus (»s . . . .«) erfahren und verstehen. Man bedient sich dabei o . . . . . ., nicht st . . . . Erhebungsverfahren und wertet die Daten aus, indem man sie interpretiert (i . . . . Auswertungsmethoden). Man erhält keine nummerischen Daten, sondern B . . . . Eine Verallgemeinerung der Daten wird nicht angestrebt, denn das Ziel besteht darin, T . . . . zu entwickeln.

3 Wenn Sie die vorige Aufgabe richtig gelöst haben, können Sie ihr erworbenes Wissen an einer praktischen Aufgabe testen. Welche der folgenden Themen würden sich für eine phänomenologische, eine ethnografische und eine Grounded-Theory-Arbeit am besten eignen?

HINWEIS
Diese Aufgabe ist nicht leicht. Lesen Sie daher noch einmal den entsprechenden Abschnitt in Kap. 3.1.2 des Lehrbuchs und achten Sie auf die besonderen Merkmale der einzelnen qualitativen Methoden.

Thema 1: Der Bewältigungsprozess von Patienten mit chronischer Polyarthritis

1. Grounded Theory ○ 2. Phänomenologie ○ 3. Ethnografie ○

Begründung:

Thema 2: Die geschlossene Psychiatrie als Lebensraum

1. Grounded Theory ○ 2. Phänomenologie ○ 3. Ethnografie ○

Begründung:

Thema 3: Körperbild und Körperwahrnehmung von Frauen nach einer totalen Uterusoperation

1. Grounded Theory ○ 2. Phänomenologie ○ 3. Ethnografie ○

Begründung:

Thema 4: Schmerzerleben und Schmerzerfahrung von Menschen jüdischer, moslemischer und christlicher Religionen

1. Grounded Theory ○ 2. Phänomenologie ○ 3. Ethnografie ○

Begründung:

---

4 Die »Wissenschaftlichkeit« des quantitativen und des qualitativen Forschungsansatzes kann anhand so genannter Gütekriterien beurteilt werden. Für quantitative und qualitative Forschung gibt es jedoch unterschiedliche Gütekriterien. Ordnen Sie mithilfe von Verbindungslinien die einzelnen Gütekriterien dem jeweiligen Forschungsansatz zu.

quantitative Forschung — **Gütekriterien** — **qualitative Forschung**

Nähe zum Gegenstand

argumentative Interpretationsabsicherung

Reliabilität

Objektivität

Validität

Verfahrensdokumentation

Regelgeleitetheit

kommunikative Validierung

5 Hier finden Sie Definitionen verschiedener Gütekriterien. Orden Sie mithilfe von Linien jedem Begriff die ihm entsprechende Definition zu.

Objektivität	= Beschreibung des Prozesses bis ins Detail, um ihn nachvollziehbar zu machen.
Reliabilität	= Gültigkeit, d.h. zeigt an, ob ein Instrument tatsächlich das misst, was es messen soll.
Validität	= Überprüfung der Gültigkeit der Ergebnisse, indem man den Betroffenen die Daten vorlegt und mit ihnen darüber diskutiert.
Argumentative Interpretationsabsicherung	= Unabhängigkeit der Testergebnisse von der Forscherin.
Verfahrensdokumentation	= Einhalten von Regeln bei der Durchführung der Forschungsarbeit.
Regelgeleitetheit	= Schlüssigkeit und Nachvollziehbarkeit von Interpretationen.
Nähe zum Gegenstand	= Zuverlässigkeit eines Instruments, d. h. zeigt an, ob ein Instrument bei wiederholten Messungen immer wieder zum gleichen Ergebnis kommt.
Kommunikative Validierung	= Nähe zur Lebenswelt der Betroffenen, das Ansetzen an konkreten sozialen Problemen.

6 Was ist Triangulation?

1. Eine Kombination qualitativer und quantitativer Forschung. ○
2. Eine Kombination von drei Forschungsmethoden. ○
3. Eine Kombination verschiedener Methoden und/oder Ansätze. ○

7 Wenn Sie diese Aufgabe gelöst haben, so können Sie die nächste sicher leichter bewältigen.

Aktionsforschung ist ein Design, das eine ganz besondere Charakteristik aufweist. Welches sind drei typische Merkmale von Aktionsforschung?

1. ______

2. ______

3. ______

Versuchen Sie nun, mit eigenen Worten zu beschreiben, was Aktionsforschung ist, welche Besonderheiten sie hat und welche Ziele man damit erreichen will.

8 Ein typisches Merkmal von Aktionsforschung ist, dass sie nicht linear abläuft. Sie besteht vielmehr aus vier Schritten, die sich zyklisch wiederholen. Wie lauten diese?

HINWEIS
Finden Sie Aktionsforschung sehr abstrakt? Können Sie sich wenig darunter vorstellen? Dann lesen Sie das Beispiel in Kap. 3.2.3 des Lehrbuchs nach!

1. ______

2. ______

3. ______

4. ______

9 Evaluieren bedeutet, den Wert oder Nutzen von etwas zu bestimmen. Was aber heißt Evaluationsforschung?

______

______

______

10 Evaluation kann formativ oder summativ sein. Welche der folgenden Definitionen ist die richtige?

1. Bei der formativen Evaluation wird die formale Richtigkeit von Programmen geprüft. ○
2. Bei der formativen Evaluation wird die äußere Form eines Programms überprüft. ○
3. Bei der formativen Evaluation wird die Durchführung eines Programms geprüft. ○
4. Bei der formativen Evaluation wird der Effekt des Programms bewertet. ○

1. Bei der summativen Evaluation wird die Summe aller Programme geprüft. ○
2. Bei der summativen Evaluation wird das Ergebnis des Programms bewertet. ○
3. Bei der summativen Evaluation wird die Durchführung des Programms geprüft. ○
4. Bei der summativen Evaluation wird der Prozess geprüft. ○
5. Bei der summativen Evaluation wird eine Kosten-Nutzen Analyse gemacht. ○

11 Ein wichtiges Design in der Pflegeforschung ist das Experiment. Das klassische Experiment folgt einer bestimmten Anordnung. Die folgende Grafik zeigt diese Anordnung schematisch auf. Sie müssen sie nur noch richtig beschriften!

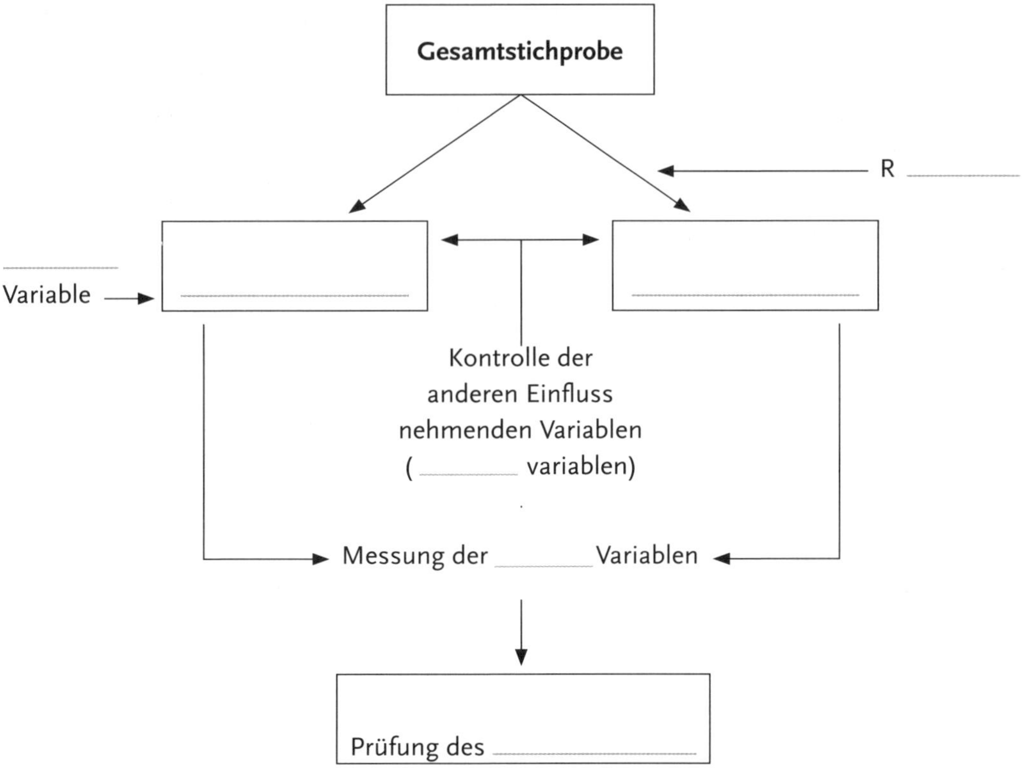

12 In Rahmen der experimentellen Forschung finden Sie die Begriffe »abhängige Variable«, »unabhängige Variable« und »Störvariable«. Sie werden auch in Forschungsberichten eingesetzt. Um sie zu verstehen, müssen Sie wissen, was diese Begriffe bedeuten. Ordnen Sie die richtigen Definitionen zu.

Abhängige Variable	= diejenige Variable, die in die experimentelle Untersuchung hineingetragen und bewusst verändert wird.
Unabhängige Variable	= ein äußerer Einfluss auf das Experiment, der nicht kontrolliert werden kann.
Störvariable	= die in der Forschung gemessene Verhaltensweise oder Reaktion, von der man annimmt, dass sie sich verändert.

3
42

13 Was ist eine Hypothese?

14 Welches sind die vier Kennzeichen eines klassischen Experiments?

HINWEIS

Diese Aufgabe ist nicht leicht. Wenn Sie die beiden vorigen Aufgaben gelöst haben, wird Ihnen das bei der Bewältigung dieser Aufgabe sicher helfen.

1.
2.
3.
4.

15 Für Fortgeschrittene

Nun haben Sie bereits viel Grundwissen über das Experiment wiederholt, so dass Sie sich an die nachfolgende Übung machen können.

HINWEIS

Wiederholen Sie bei dieser Gelegenheit die Kennzeichen eines Experiments, die Voraussetzungen für die Annahme eines ursächlichen Zusammenhanges (Kap. 3.2.2 des Lehrbuchs) und die Eigenschaften einer Hypothese (Kap. 4.1.2)

Anmerkung: Diese Übung eignet sich auch sehr gut für eine Kleingruppenarbeit (max. fünf Personen)

Stellen Sie sich vor, Sie wollten überprüfen, ob und inwieweit die Anwendung von Aromaölen sich bei Patienten nach einer Operation »positiv« auswirkt. Entwerfen Sie dazu den Plan eines fiktiven Experiments.

- Identifizieren Sie abhängige und unabhängige Variablen.
- Stellen Sie eine Hypothese auf.
- Identifizieren Sie mögliche Störvariablen.
- Entwerfen Sie ein mögliches Vorgehen.

Überlegen Sie, auf welche Probleme Sie mit der Durchführung dieses Experiments in der Praxis stoßen könnten. Bedenken Sie dabei sowohl die organisatorische Seite als auch die ethischen Fragen, die dabei entstehen könnten.

16 Eine wichtige Methode der Datenerhebung in der Forschung ist die schriftliche Befragung. Bei einem Fragebogen werden unterschiedliche Formen von Fragen und Antworten verwendet. Ordnen Sie die angeführten Beispiele richtig zu.

Alternativvorgaben: ______________________________

Mehrfachvorgaben mit Rangordnung: ______________________________

Ungeordnete Mehrfachvorgaben: ______________________________

Likert-Skala: ______________________________

Hybridfragen: ______________________________

Beispiel 1

Warum betreiben Sie Sport?

○ Weil es mir Spaß macht.
○ Weil ich abnehmen möchte.
○ Weil ich fit bleiben will.
○ Weil mein Partner auch Sport betreibt.

Beispiel 2

Sind Sie ein Einzelkind?

○ ja ○ nein

Beispiel 3

Haben Sie Fortbildungen besucht, die Ihnen den Umgang mit Sterbenden erleichtern?

○ ja ○ nein

Wenn nein, warum nicht?

○ Es wurden keine entsprechenden Fortbildungen angeboten.

○ Die angebotenen Fortbildungen waren für eine andere Zielgruppe.
○ Ich hatte keine Zeit.
○ Es hat mich nicht interessiert.
○ Sonstige Gründe: ______________________

Beispiel 4
Wie hoch schätzen Sie Ihre Kompetenzen in folgenden Bereichen ein?

sich in andere einfühlen können	sehr hoch ○	○	○	○	○ sehr gering
andere motivieren können	sehr hoch ○	○	○	○	○ sehr gering
sich abgrenzen können	sehr hoch ○	○	○	○	○ sehr gering

Beispiel 5
Würden Sie den Pflegeberuf wieder wählen, wenn Sie sich noch einmal für einen Beruf entscheiden könnten?
○ ja ○ eher ja ○ eher nein ○ nein

17 Achtung! Bei der Formulierung der einzelnen Fragen sind Fehler passiert. Finden Sie heraus, was an der jeweilige Frage falsch ist und schreiben Sie einen korrekten Vorschlag in die nachfolgende Zeile.

HINWEIS
Wenn Ihnen dies schwer fällt, lesen Sie in Kap. 3.3.1 des Lehrbuchs nach, welche inhaltlichen Merkmale eine gute Frage haben soll (Abschnitt »Zur inhaltlichen Struktur von Fragen«).

1. Wie schätzen Sie die Lebensqualität der Patienten ein?

Fehler: ______________________

Korrekte Frage: ______________________

2. Würden Sie gerne auf einer Palliativstation arbeiten und dort die Stationsleitung übernehmen?

Fehler: ______________________

Korrekte Frage: ______________________

3. In Anbetracht dessen, dass die SchülerInnen nicht Arbeitskräfte, sondern Auszubildende sind – finden Sie nicht auch, dass sie keine Wochenenddienste machen sollten?

Fehler: ______________________

Korrekte Frage: ______________________

4. Lehnen Sie die Meinung ab, dass Krankenpflegelehrerinnen keine Praktika machen sollten?

Fehler: ______

Korrekte Frage: ______

18 Im Unterschied zur vorigen Aufgabe haben sich hier bei den Antwortvorgaben Fehler eingeschlichen. Finden Sie heraus, was falsch ist und schlagen Sie eine korrekte Antwortmöglichkeit vor.

> **HINWEIS**
> *Auch hier wird es Ihnen helfen, wenn Sie in Kap. 3.3.1 des Lehrbuchs den Abschnitt »Zur formalen Struktur von Fragen und Antwortvorgaben« durchlesen!*

1. Wie alt sind Sie?

○ 15–20 Jahre
○ 20–30 Jahre
○ 30–40 Jahre
○ 40–50 Jahre
○ mehr als 50 Jahre

Fehler: ______

Korrekte Antwortvorgabe: ______

2. Hat sich das Pflegepersonal mit Namen vorgestellt?

○ ja ○ nein

Fehler: ______

Korrekte Antwortvorgabe: ______

3. Haben Sie bei der Entlassung Informationen über Selbsthilfegruppen erhalten?

○ ja ○ unzureichend

Fehler: ______

Korrekte Antwortvorgabe: ______

4. In welchen Situationen essen Sie mehr bzw. weniger?

Wenn ich frustriert bin	○ mehr	○ weniger
Wenn mir langweilig ist	○ mehr	○ weniger
Wenn ich verliebt bin	○ mehr	○ weniger
Wenn ich mich einsam fühle	○ mehr	○ weniger

Fehler: ______

Korrekte Antwortvorgabe: ______

5. Wie viel Einfluss haben Ihrer Meinung nach folgende Faktoren auf die Arbeitszufriedenheit?

	sehr viel	**viel**	**gar keinen**
Flexible Dienstzeiten	○	○	○
Abwechslungsreiche Arbeit	○	○	○
Genügend Zeit für die Arbeit	○	○	○
Gutes Arbeitsklima	○	○	○
usw.			

Fehler: ______________________________

Korrekte Antwortvorgabe: ______________________________

6. Ich empfand die Übung als

○ positiv ○ recht angenehm ○ unnötig ○ negativ

Fehler: ______________________________

Korrekte Antwortvorgabe: ______________________________

19 Das Interview wird in der Pflegeforschung sowohl in der qualitativen als auch in der quantitativen Forschung häufig eingesetzt. Es gibt daher viele verschiedene Formen von Interviews. Ein wichtiges Unterscheidungsmerkmal ist der Standardisierungsgrad. Ordnen Sie die Eigenschaften den jeweiligen Formen der Interviews richtig zu, indem Sie sie mit Linien verbinden.

standardisierter Fragebogen

passive Rolle der Interviewerin

offenes Interview

Idealform des qualitativen Interviews

aktive Rolle der Interviewerin

passive Rolle der Interviewpartnerin

geschlossene Fragen

standardisiertes Interview

nicht standardisiertes Interview

halb standardisiertes Interview

Instrument zur Erhebung quantitativer Daten

Reihenfolge der Fragen ist variabel

Zwischen- und Verständnisfragen

aktive Rolle der Interviewpartnerin

Interviewleitfaden

fix vorgegebene Fragen

20 Gerade in der qualitativen Forschung spielt das Interview eine zentrale Rolle. Was aber ist ein qualitatives Interview? Ergänzen Sie die Definition!

Bei qualitativen Interviews handelt es sich um nicht oder h . . . sta . . . . , persönliche m . . . . Befragungen. Es werden ausschließlich o . . . . . Fragen gestellt, der Interviewstil ist w . . . . (die Interviewerin versucht ein V . . . . verhältnis zur Interviewpartnerin zu entwickeln).

21 Ob ein qualitatives Interview gelingt, hängt nicht nur von der Qualität der Fragen ab, sondern auch von den Fähigkeiten der Interviewerin. Überlegen Sie jeweils vier Dinge, die man bei einem qualitativen Interview unbedingt beachten muss, und vier, die man auf jeden Fall vermeiden sollte.

»Do's und Dont's« der Interviewführung

Do's	**Dont's**
1. ______	1. ______
2. ______	2. ______
3. ______	3. ______
4. ______	4. ______

22 Für Fortgeschrittene

Führen Sie mit einer Kollegin ein möglichst offenes Interview durch (fragen Sie z.B. nach ihrer Erfahrung mit Krankheiten oder nach den Beweggründen ihrer Berufswahl).

> **HINWEIS**
> *Wiederholen Sie in diesem Zusammenhang den Abschnitt »Interviewtechniken« in Kap. 3.3.2 des Lehrbuchs.*

Reflektieren Sie nach dem Interview die Situation gemeinsam:

- Was ist Ihnen als Interviewerin gut/nicht so gut gelungen?
- Was war Ihnen als Interviewerin angenehm/unangenehm?
- Was war der Interviewpartnerin angenehm/unangenehm?

23 Wissenschaftliche Beobachtung hat viel mit der Fähigkeit zu tun, Dinge wahrzunehmen und zu erfassen. In diesem Buchstabenwirrwarr finden Sie verschiedene Begriffe, die mit dem Thema Beobachtung als Forschungsmethode in Zusammenhang stehen. Die Begriffe finden sich sowohl waagrecht als auch senkrecht im Buchstabenwirrwarr. Markieren Sie die Begriffe mit einem Leuchtstift und schreiben Sie sie dann heraus. Sie müssen mindestens 15 Begriffe finden!

HINWEIS

Diese Aufgabe ist nicht leicht. Sie müssen dazu ihre Kenntnisse über das Kapitel »Beobachtung« und Ihre Beobachtungsgabe zugleich einsetzen.

A	N	I	C	H	T	T	E	I	L	N	E	H	M	E	N	D	O	E	P	L
N	I	S	B	T	F	E	L	D	B	E	O	B	A	C	H	T	U	N	G	M
S	L	O	E	F	K	R	U	M	F	S	T	M	I	K	P	E	D	L	O	N
T	A	H	O	Z	J	E	G	B	R	E	A	V	C	B	E	T	J	U	F	A
R	T	E	B	B	C	H	A	T	E	I	L	N	E	H	M	E	N	D	F	F
U	T	W	A	H	R	N	E	H	M	U	N	G	O	G	G	L	D	P	E	S
K	M	I	C	A	R	T	D	C	D	B	Y	H	T	L	W	I	A	G	N	U
T	E	L	H	L	A	B	O	R	B	E	O	B	A	C	H	T	U	N	G	R
U	D	A	T	E	N	E	R	H	E	B	U	N	G	U	L	M	E	G	E	X
R	I	N	U	W	E	Z	F	A	O	B	J	E	K	T	I	V	R	Z	D	E
I	E	A	N	C	H	L	O	M	B	G	Y	V	L	I	S	T	A	E	F	F
E	N	S	G	A	V	E	R	H	A	L	T	E	N	S	T	E	B	I	M	F
R	S	U	S	H	P	E	T	A	C	F	I	H	S	E	L	E	K	T	I	V
T	C	P	O	T	U	L	D	Y	H	R	T	I	N	N	A	S	S	P	U	G
Z	H	L	B	S	E	L	B	S	T	B	E	O	B	A	C	H	T	U	N	G
J	L	K	J	G	O	K	T	A	U	T	A	V	M	I	L	G	E	N	T	I
G	U	J	E	F	U	B	R	E	N	R	L	V	E	R	D	E	C	K	T	E
E	N	A	K	V	I	D	E	O	G	E	R	A	E	T	E	G	I	T	B	D
U	N	S	T	R	U	K	T	U	R	I	E	R	T	B	U	X	T	R	A	L
B	E	O	B	A	C	H	T	U	N	G	S	K	R	I	T	E	R	I	E	N

24 Es gibt verschiedene Beobachtungsverfahren, die sich durch bestimmte Kriterien unterscheiden lassen. Ordnen Sie den Begriffen mithilfe von Linien die richtigen Beschreibungen zu.

offene Beobachtung	Beobachter und Beobachtete sind identisch.
verdeckte Beobachtung	Man beobachtet fremdes Verhalten.
teilnehmende Beobachtung	Die Beobachtung erfolgt ohne Kenntnis der Beobachteten.
nicht teilnehmende Beobachtung	Findet in einer Umgebung statt, die eigens für die Beobachtung verändert wurde.
strukturierte Beobachtung	Die Forscherin verfolgt Ereignisse und Handlungen, ohne sich daran zu beteiligen.
unstrukturierte Beobachtung	Die Beobachteten wissen, dass sie beobachtet werden.
Feldbeobachtung	Die Forscherin ist selbst Teil der Situation, die sie beobachtet.
Laborbeobachtung	Findet im natürlichen Umfeld der Beobachteten statt.
Fremdbeobachtung	Der Beobachtung liegt ein standardisiertes Schema zu Grunde.
Selbstbeobachtung	Es werden alle Ereignisse, Handlungen etc. mittels Beschreibung festgehalten.

25 Für Fortgeschrittene

Sie finden hier zwei Beispiele möglicher Beobachtungsvorhaben in der Praxis. Bearbeiten Sie beide Beispiele nach den unten angeführten Fragen. Vergessen Sie nicht: Sie sollten das Vorgehen, das Sie gewählt haben, auch begründen können!

> **HINWEIS**
> *Diese Aufgabe ist nicht so einfach zu bewältigen. Lesen Sie Kap. 3.3.2 des Lehrbuchs noch einmal durch, das wird Ihnen helfen!*

Anmerkung: Diese Übung eignet sich auch sehr gut für eine Kleingruppenarbeit (max. fünf Personen).

Beispiel 1
Sie bekommen den Auftrag, im Rahmen ihrer Tätigkeit als Hygienebeauftragte eine Studie zur Durchführung der Händehygiene beim Vorbereiten der Infusionen durchzuführen. Diese Studie soll mittels Beobachtung durchgeführt werden.

Beispiel 2

Sie wollen bei Ihrer Abschlussarbeit der Frage nachgehen, wie auf der Intensivstation die Kommunikation mit bewusstlosen Patienten verläuft. Dazu setzen Sie auch die Beobachtung als Methode ein.

Überlegen Sie zu beiden Beispielen:

- Welche Art von Beobachtung würden Sie wählen (teilnehmend – nicht teilnehmend; offen – verdeckt; strukturiert – unstrukturiert; Labor – Feld)?
- Wie würden Sie dabei vorgehen?
- Welchem Forschungsansatz folgt Ihre Beobachtung (quantitativ oder qualitativ)?
- Wie gehen Sie mit dem ethischen Grundprinzip der »informierten Zustimmung« um?

Begründen Sie ihre Überlegungen!

3

26 Das Bestimmen des Skalenniveaus der Messinstrumente (oder der Fragen in einem Fragebogen) ist wichtig, um die richtigen statistischen Methoden zu wählen. Ordnen Sie dem jeweiligen Skalentyp die richtige Charakteristik und das passenden Beispiel zu.

Nominalskala	Rangfolge mit gleichen Intervallen und absolutem Nullpunkt	0 kg I----I----I----I----I----I----I----I----I----I----I 100 kg
Ordinal(Rang-)Skala	relative Rangfolge	sehr belastend – eher belastend – eher nicht belastend – nicht belastend
Intervallskala	Rangfolge mit gleichen Intervallen	ledig – verheiratet – geschieden
Ratio- oder Verhältnisskala	einfache Klassifizierung	–10°C –5°C 0°C +5°C +10°C

27 Hoppla, hier haben sich Fehler eingeschlichen! Suchen Sie den Fehler in jeder Definition und berichtigen Sie diese.

HINWEIS

Sie müssen keine statistischen Berechnungen durchführen können, aber Sie müssen die wichtigsten Begriffe aus der Statistik und ihre Bedeutung kennen, um Forschungsarbeiten lesen und verstehen zu können.

Der Median ist der häufigste Wert.

Richtig: Der Median ist ______________________________

Das arithmetische Mittel ist die Summe der Werte, multipliziert mit der Anzahl der Werte.

Richtig: Das arithmetische Mittel ist ______________________________

Die Standardabweichung zeigt den Bereich an, in dem die wenigsten Werte zu finden sind. Sie wird immer gemeinsam mit dem Mittelwert angegeben.

Richtig: Die Standardabweichung zeigt den Bereich an, ______________________________

Mittels Korrelationen kann man die Streuung der Werte berechnen.

Richtig: Mittels Korrelationen kann man ______________________________

Ein negativer Zusammenhang (r = –1) bedeutet, dass kein Zusammenhang zwischen den Faktoren besteht.

Richtig: Ein negativer Zusammenhang (r = –1) bedeutet, ______________________________

Signifikant 5 % heißt, dass ein Unterschied oder ein Zusammenhang mit einer Wahrscheinlichkeit von mindestens 95 % zufällig ist.

Richtig: Signifikant 5 % heißt ______________________________

28 Wie gut sind Sie im Schätzen? Ordnen Sie den Diagrammen die angegebenen Prozentwerte zu.

Diagramm 1: 10 %, 18 %, 20 %, 24 % und 28 %

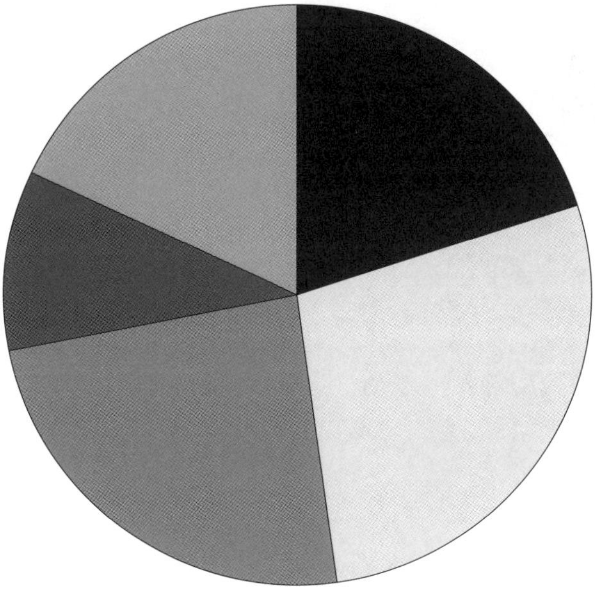

Nun schreiben Sie selbstständig die Prozentwerte neben die Diagramme!

HINWEIS

Es wurden nur Schritte von 5% oder 10% verwendet, also z. B. 15%, 20%, 25%, keine Schritte von 1% wie z. B. 11%, 16%, 22%.

Diagramm 2

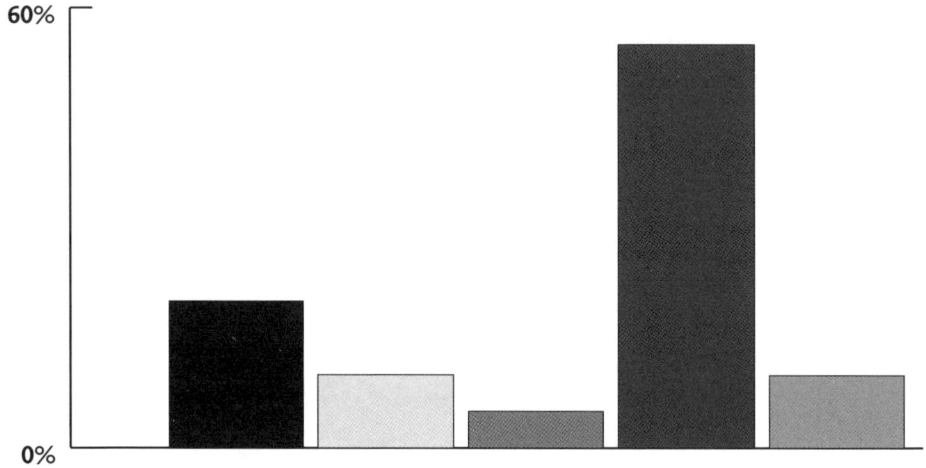

Diagramm 3

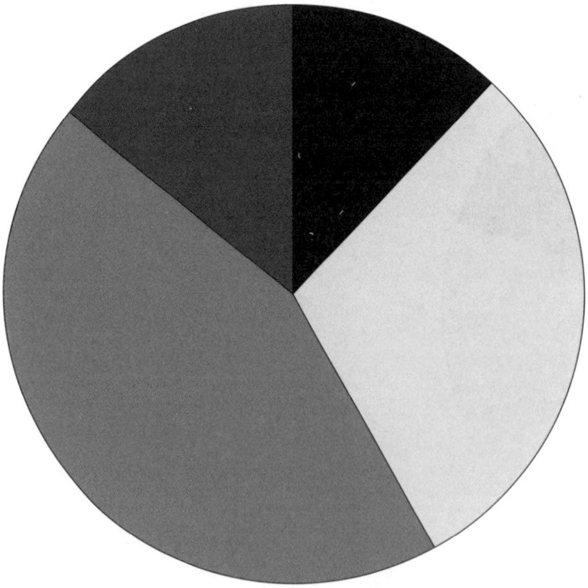

Diagramm 4

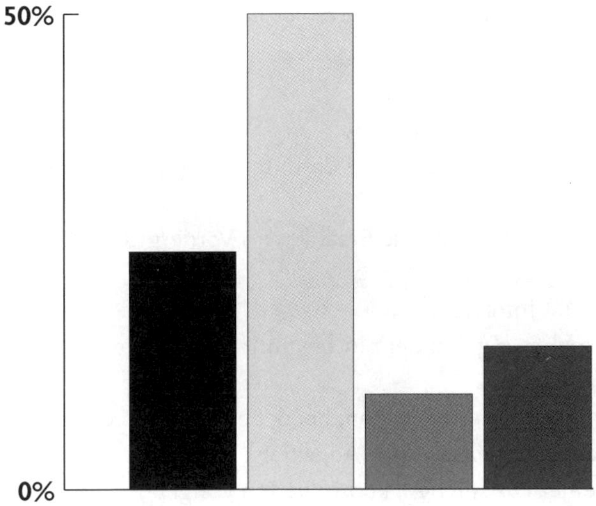

29 Bei der Analyse qualitativer Daten kann man zwei Formen unterscheiden. Welcher Art des Analyseverfahrens entsprechen 1. die reduktiv-interpretative Analyse und 2. die explikativ-interpreative Analyse? Kreuzen Sie die richtige Lösung an.

Die reduktiv-interpretative Analyse ist ...

1. ein deduktives Verfahren. ○
2. ein deutendes Verfahren. ○
3. ein kennzeichnendes Verfahren. ○
4. ein mathematisches Verfahren. ○
5. ein deskriptives Verfahren. ○

Die explikativ-interpreative Analyse ist ...

1. ein deduktives Verfahren. ○
2. ein deutendes Verfahren. ○
3. ein kennzeichnendes Verfahren. ○
4. ein mathematisches Verfahren. ○
5. ein deskriptives Verfahren. ○

30 Überprüfen Sie ihr Wissen zum Kapitel »Ansätzen und Methoden« mithilfe des folgenden Kreuzworträtsels!

HINWEIS: *Umlaute beanspruchen zwei Kästchen: ä = ae, ö = oe, ü = ue*

Waagrecht

1 Bezeichnung für das Erhebungsinstrument beim Interview
2 Maß der zentralen Tendenz; Wert, bei dem 50 % der Werte darunter und 50 % darüber liegen
3 Bezeichnung für offene Interviewform, bei der das freie Erzählen im Vordergrund steht (Adjektiv)
4 anderer Ausdruck für »unstrukturiertes« Interview
5 Bezeichnung für eine Form der Wahrnehmung, bei der nur bestimmte Dinge registriert, andere aber ignoriert werden
6 Überbegriff für alle Auswertungsformen qualitativer Daten, bei denen der Text reduziert, umschrieben und in Kategorien zusammengefasst wird (Adjektiv)
7 experimentelles Setting, bei dem in einer künstlichen, kontrollierten Umgebung geforscht wird
8 Bezeichnung für das niedrigste Skalenniveau
9 Fachausdruck für die natürliche Umgebung (bei der Beobachtung)

Senkrecht

1 mündliche Befragung
2 Form der Beobachtung, bei der sich die Forscherin selbst in der Situation befindet, die sie beobachtet
3 Bezeichnung für die Art von Statistik, die Daten nach unterschiedlichen Merkmalen beschreibt und zusammenfasst
4 Bezeichnung für die Zufallsverteilung der Versuchspersonen in einem Experiment
5 Fragetypus, mit dem überprüfbare Tatsachen abgeprüft werden
6 eine Rechenoperation, bei der man überprüft, ob und wie zwei Variablen miteinander zusammenhängen
7 Bezeichnung für einen Faktor oder ein Merkmal, das man in einer Untersuchung überprüfen möchte
8 Ausdruck für »etwas bewerten«, »den Wert oder Nutzen bestimmen«
9 Bezeichnung für die Art von Statistik, mit der man die Wahrscheinlichkeit überprüft, mit der das Resultat einer Stichprobe auf eine Population übertragen werden kann

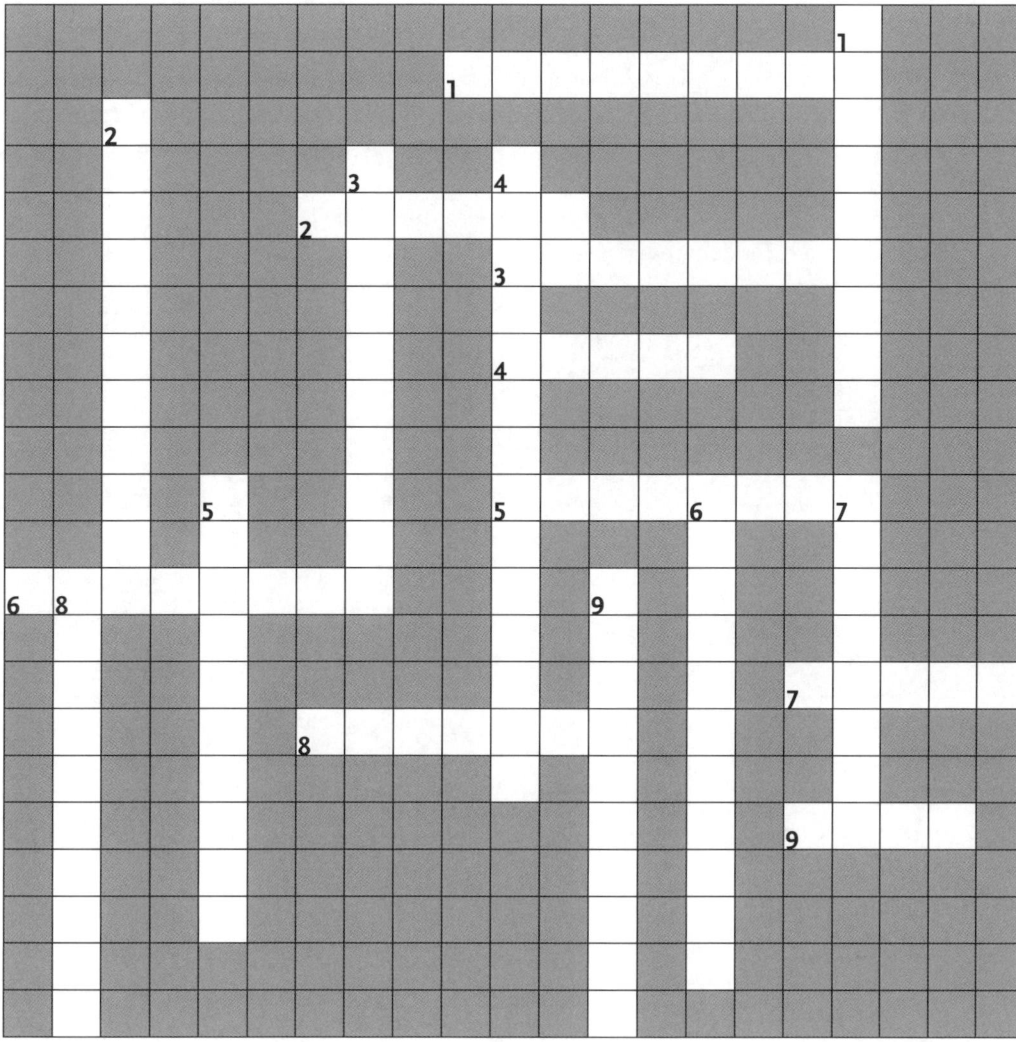
1
1
2
3
4
2
3
4
5
5
6
7
6
8
9
7
8
9

Notizen

Kapitel

4

1 Gute Kenntnisse über den Forschungsprozess sind nicht nur wichtig, um Forschung durchzuführen, sondern auch um Forschungsarbeiten lesen und analysieren zu können. Welche der folgenden Aussagen über den Forschungsprozess sind richtig?

Der Forschungsprozess ...

1. besteht aus einem Schritt. ○
2. folgt einem logischen Ablauf. ○
3. beinhaltet verschiedene Schritte, die geradlinig linear dargestellt werden können. ○
4. besteht aus unstrukturierten Wissensquellen. ○
5. beinhaltet keine Forschungsfrage. ○
6. kann als Regelkreis dargestellt werden. ○

2 Die Schritte des Forschungsprozesses sind durcheinander geraten! Ordnen Sie die einzelnen Schritte der Reihe nach wieder so in die Kästen ein, dass man erkennen kann, dass es sich um einen schlüssigen Prozess handelt.

Literaturstudium – Festlegen der Vorgangsweise – Datenerhebung – Veröffentlichung – Auswertung und Interpretation der Ergebnisse – Thema – Ausarbeitung der Forschungsinstrumente – Vortest – Schlussfolgerungen – Bestimmung von Ziel und Forschungsfrage – Eingrenzung der Forschungsfrage, Begriffsklärung und gegebenenfalls Hypothesenbildung

3 Entscheidend für das Gelingen einer Forschungsarbeit ist die Formulierung einer (oder mehrerer) Forschungsfrage(n). Bei folgender Definition fehlen die Worte »Informationen«, »Forschungsfrage«, »analysiert«, »neue«, »ausdrückliche« und »Problem«. Fügen Sie diese an der richtigen Stelle ein.

Eine ____________ ist die ____________ Frage nach einem ____________ Es soll in Frage gestellt, untersucht und ____________ werden, so dass ____________ , nützliche ____________ erzielt werden können.

4 In diesem Buchstabenwirrwarr verstecken sich drei Begriffe, die die zentralen Eigenschaften einer guten Forschungsfrage beschreiben. Wie lauten sie? Markieren Sie die Begriffe, die Sie gefunden haben, mit Leuchtstift und schreiben Sie sie heraus.

A	U	F	G	E	N	A	U	S	O	G	U	T	A	L	L	I	E
O	F	F	E	P	R	A	E	Z	I	S	E	R	E	I	C	H	E
E	I	N	A	U	S	F	U	E	H	R	L	I	C	H	H	A	G
R	E	L	A	T	I	V	U	N	D	R	E	L	E	V	A	N	T
N	I	C	H	T	E	R	F	O	R	S	C	H	B	A	R	E	I
K	O	P	R	A	T	I	V	E	I	N	M	A	L	I	G	E	S

1. ____________________

2. ____________________

3. ____________________

5 Für Fortgeschrittene

Sie haben hier verschiedene Forschungsfragen vor sich. Für welche würden Sie qualitative, für welche quantitative Untersuchungsmethoden wählen? Begründen Sie ihre Wahl!

1. Wie erleben Mütter, die ein behindertes Kind zur Welt gebracht haben, die ersten Monate nach der Geburt?

○ quantitativ ○ qualitativ

Begründung:

____

2. Kann durch die Gabe von Saccharose die Schmerzempfindung Neugeborener bei der Blutentnahme gesenkt werden?

○ quantitativ ○ qualitativ

Begründung:

3. Wie hoch ist die Lebensqualität chronisch kranker Menschen? Unterscheidet sie sich von der Lebenserwartung gesunder Menschen?

○ quantitativ ○ qualitativ

Begründung:

4. Was bedeutet eine Brustamputation für das Körpererleben einer Frau?

○ quantitativ ○ qualitativ

Begründung:

5. Wie hoch ist die Qualität der pflegerischen Beziehung im Krankenhaus X?

○ quantitativ ○ qualitativ

Begründung:

6. Wie entsteht Vertrauen in der pflegerischen Beziehung?

○ quantitativ ○ qualitativ

Begründung:

7. Verändert sich das Körperbild und/oder die Körperhaltung bzw. Bewegung der Patienten durch längere Bettruhe auf sehr weicher Unterlage? Und beeinflussen gezielte pflegerische Interventionen das Körperbild, die Körperhaltung und die Bewegung von Patienten mit längerer Bettruhe auf sehr weicher Unterlage?

○ quantitativ ○ qualitativ

Begründung:

8. Was bedeuten Gesundheit, Krankheit und Heilung für bolivianische MigrantInnen?
○ quantitativ ○ qualitativ
Begründung:

---

9. Was heißt Lebensqualität für chronisch kranke Menschen?
○ quantitativ ○ qualitativ
Begründung:

---

6 Die Suche nach und das Lesen und Zusammenfassen von Fachliteratur ist für jede Forschungsarbeit wichtig. Nennen Sie fünf Punkte, zu welchem Zweck ein Literaturstudium durchgeführt werden muss:

1. ______
2. ______
3. ______
4. ______
5. ______

7 Woher können Sie Fachliteratur beziehen? Zählen Sie vier Möglichkeiten auf.

1. ______
2. ______
3. ______
4. ______

8 Bei einer ersten Literaturrecherche findet man oft sehr viele Artikel oder Beiträge. Die Zeit lässt es oft nicht zu, dass man alle genau durchliest. Also wendet man die Technik des »diagonalen Lesens« oder »Querlesens« an, um sich einen ersten Überblick zu verschaffen. Einige der folgenden Aussagen charakterisieren diesen Vorgang. Welche sind diese?

1. Der Text wird auswendig gelernt. ○
2. Der Text wird nicht genau studiert. ○

3. Die wichtigsten Wörter im Text werden erfasst. ○
4. Diagonales Lesen ist sehr zeitaufwendig. ○
5. Der Text wird genau studiert. ○
6. Textstellen, die mit dem eigentlichen Thema in Zusammenhang stehen, werden erfasst. ○
7. Diagonales Lesen spart Zeit. ○

9 Welche der folgenden Aussagen sind richtig, welche falsch? Kreuzen Sie an!

1. Der theoretische Rahmen dient dazu, wichtige Erkenntnisse aus Forschungsarbeiten zu sammeln, die zu diesem Thema bereits gemacht wurden.
○ richtig ○ falsch

2. Der theoretische Rahmen wird auch als standardisiertes Interview bezeichnet.
○ richtig ○ falsch

3. Der theoretische Rahmen soll die Forschungsfrage und ihre Beantwortung in einen übergreifenden theoretischen Ansatz einbinden.
○ richtig ○ falsch

4. Der theoretische Rahmen leitet nicht die Operationalisierung der Forschungsfrage und bestimmt auch nicht die Methode, die angewandt wird.
○ richtig ○ falsch

5. Der theoretische Rahmen dient auf keinen Fall als Rahmen für die Interpretation der Ergebnisse der Forschungsarbeit.
○ richtig ○ falsch

6. Anhand des theoretischen Rahmens kann man erörtern, ob und inwiefern die Ergebnisse der Forschungsarbeit verallgemeinert werden können.
○ richtig ○ falsch

10 Literatursichtung kann ebenfalls in logisch aufeinander folgenden Schritten dargestellt werden. Leider sind die Schritte aber in Unordnung geraten! Bringen Sie die Schritte wieder in die richtige Reihenfolge (1–8), indem Sie in die leeren Kästchen am Rand die richtige Nummer eintragen.

☐ **relevante (wichtige) Quellen heraussuchen**

☐ **sichten und nochmals irrelevante (unwichtige) Quellen aussortieren**

☐ **einen Überblick über die Zusammenfassungen geben und Schlussfolgerungen ziehen**

☐ **Themenbereiche, Schlagwörter etc. festlegen**

☐ **jede Quelle, die für den theoretischen Rahmen wichtig ist, zusammenfassen (kritisch bewerten)**

☐ **per Computer oder per Hand suchen**

☐ **jede Quelle lesen und Karteikarten anlegen**

☐ **relevante Quellen beschaffen (kaufen, ausleihen, kopieren)**

11 Wenn man sich ausführlich mit der Fachliteratur beschäftigt und den theoretischen Rahmen festgelegt hat, werden die Forschungsfragen präzisiert. Gegebenenfalls werden auch Hypothesen formuliert. Was eine Hypothese ist, wurde schon im Zuge der vorigen Kapitel gefragt. Können Sie sich noch daran erinnern?

HINWEIS

Wenn Sie sich nicht mehr erinnern können, lesen Sie in Kapitel 3.2.2 des Lehrbuchs nach!

Für welches Vorgehen ist das Erstellen von Hypothesen typisch?

1. Für das induktive Vorgehen. ○
2. Für das deduktive Vorgehen. ○

12 Es gibt Forschungsarbeiten, bei denen auf keine Fall Hypothesen aufgestellt werden können. Es gibt andererseits auch Forschungsarbeiten, bei denen man Hypothesen erstellen kann (aber nicht muss). Bei welchen Forschungsarbeiten *müssen immer* Hypothesen erstellt werden? Kreuzen Sie die richtige Lösung an!

1. Bei allen quantitativen Forschungsarbeiten. ○
2. Bei allen qualitativen Forschungsarbeiten. ○
3. Bei Aktionsforschung. ○
4. Bei deskriptiven Arbeiten. ○
5. Bei Experimenten. ○
6. Bei phänomenologischen Arbeiten. ○
7. Bei Grounded-Theory-Arbeiten. ○

13 Wenn nun Forschungsfrage, Ziele und gegebenenfalls Hypothesen endgültig formuliert sind, dann ist es Zeit, die Vorgangsweise der Untersuchung festzulegen. Dazu wird ein Untersuchungsplan erstellt. Welches sind die fünf Bestandteile, aus denen ein Untersuchungsplan besteht?

1. ______________________________

2. ______________________________

3. ______________________________

4. ______________________________

5. ______________________________

14 Bei der Planung einer Forschungsarbeit muss man sich natürlich auch überlegen, wen man beforscht und wie man zu diesen Personen kommt. Dabei spiele die Begriffe »Population«, »Stichprobe« und »Repräsentativität« eine wichtige Rolle. Nicht alle der folgenden Aussagen über diese Begriffe sind richtig. Kreuzen Sie an, ob eine Aussage richtig oder falsch ist.

1. Die Population ist ein Teil einer Stichprobe.
○ richtig ○ falsch

2. Eine Stichprobe ist ein Test an einer bestimmten Gruppe.
○ richtig ○ falsch

3. Repräsentativität heißt, dass die Ergebnisse für ein ganzes Land, z.B. für Österreich, gelten müssen.
○ richtig ○ falsch

4. Eine Stichprobe besteht aus allen Elementen einer Population.
○ richtig ○ falsch

5. Repräsentativ ist eine Untersuchung nur dann, wenn man jedes Element einer Population untersucht hat.
○ richtig ○ falsch

6. Die Stichprobe ist ein Teil der Population.
○ richtig ○ falsch

7. Repräsentativität bedeutet, dass die Stichprobe die Population abbildet oder widerspiegelt, d. h. dass sie ihr entspricht.
○ richtig ○ falsch

8. Unter Population versteht man eine repräsentative Stichprobe.
○ richtig ○ falsch

9. Population ist die Gesamtheit aller Personen, die ein bestimmtes Merkmal aufweisen.
○ richtig ○ falsch

15 Es gibt verschiedene Möglichkeiten, eine Stichprobe zu bilden. Man unterscheidet u.a. Wahrscheinlichkeitserhebungen, Gelegenheitserhebungen und gezielte Erhebungen. Welche Erhebungsmethode ist nun welche? Setzen Sie die Begriffe richtig ein!

1. Bei einer ______________________ wählt man diejenigen Personen aus, die für diese Studie am leichtesten zugänglich sind.

2. Bei einer ______________________ werden diejenigen Versuchspersonen ausgesucht, die für eine bestimmte Population typisch sind.

3. Bei einer ______________________ wählt man die Versuchspersonen zufällig aus.

16
Welches Vorgehen entspricht nun welcher Art der Stichprobenbildung?

Wahrscheinlichkeitsstichprobe	= die nächsten 100 Patienten, die Chemotherapie erhalten.
Gelegenheitsstichprobe	= 500 Berlinerinnen, die nach dem Zufallsprinzip gezogen werden.
Gezielte Stichprobe	= Frauen, bei denen ein Kinderwunsch besteht und die sich einer Uterusentfernung unterziehen müssen.

17 Hier finden Sie einige Aussagen über Stichproben in *qualitativen* Untersuchungen. Kreuzen Sie an, ob sie richtig oder falsch sind.

1. In der qualitativen Forschung braucht man Zufallsstichproben.
○ richtig ○ falsch
Begründung:

2. Die Stichprobenbildung in der qualitativen Forschung ist zweckgebunden.
○ richtig ○ falsch
Begründung:

3. Eine Stichprobe in der qualitativen Forschung muss repräsentativ sein.
○ richtig ○ falsch
Begründung:

4. Die Stichprobenbildung in der qualitativen Forschung folgt dem Prinzip der Gelegenheitsstichprobe.
○ richtig ○ falsch
Begründung:

5. Theoretical Sampling ist ein Begriff, mit dem man die Stichprobenbildung in der qualitativen Forschung beschreiben kann.
○ richtig ○ falsch
Begründung:

18 Vor dem Durchführen einer Untersuchung wird ein Vortest durchgeführt, mit dem man die Instrumente und das Vorgehen testen möchte. Es gibt aber auch noch einen anderen Ausdruck dafür. Welche Schreibweise ist die richtige?

1. Prätest ○
2. Pretest ○

19 Im folgenden Buchstabewirrwarr sind fünf Begriffe versteckt, die verschiedene Arten von Diagrammen bezeichnen, die man zur Darstellung quantitativer Daten nützen kann. Suchen Sie diese Begriffe heraus, markieren Sie sie mit einem Leuchtstift und schreiben Sie sie dann heraus. Achtung! Die Begriffe sind sowohl waagrecht als auch senkrecht versteckt.

A	S	E	I	T	E	N	A	L
K	E	B	A	L	K	E	N	I
E	K	E	T	K	U	G	E	N
S	E	K	T	O	R	E	N	I
A	G	R	A	R	V	K	T	E
F	E	E	S	R	E	C	H	T
F	L	I	S	E	N	A	L	E
O	S	S	A	E	U	L	E	N
Z	Y	L	I	N	D	E	R	E

1. ____________________

2. ____________________

3. ____________________

4. ____________________

5. ____________________

20 Qualitative Daten werden in anderer Form dargestellt als quantitative Daten. Füllen Sie den nachfolgenden Lückentext aus, dann wissen Sie mehr!

Ergebnisse qualitativer Studien werden mit W . . . . . beschrieben. Der Text wird meist anhand der K . . . . gegliedert. Zu Beginn der Darstellung gibt man oft einen Ü . . . . über die K . . . . und deren Ver . . . . und Zu . . . . Man verwendet dafür eine G . . . . . oder ein Schaubild.

21 Zum Abschluss gibt es wieder ein Kreuzworträtsel, das Sie kreuz und quer durch das Kapitel »Forschungsprozess« und führt!

HINWEIS: *Umlaute beanspruchen zwei Kästchen: ä = ae, ö = oe, ü = ue*

Waagrecht

1 Gesamtheit aller Personen, die ein oder mehrere gemeinsame Merkmale aufweisen
2 Maßstäbe, an denen die wissenschaftliche Qualität von Forschungsergebnisse überprüft wird (Mehrzahl)
3 Der Teil einer Forschungsarbeit, in dem die Ergebnisse wieder in Verbindung mit der Problemstellung, der Forschungsfrage und dem theoretischen Rahmen gebracht werden
4 Prozess des Beschreibens und Definierens aller Variablen, die untersucht werden müssen, damit sie in konkrete Forschungsoperationen umgesetzt werden können; wichtig v.a. in quantitativen Studien
5 Prozess, nach dem eine Forschungsarbeit abläuft
6 Bestimmte Art einer Stichprobe, bei der diejenigen Personen für eine Studie ausgewählt werden, die am leichtesten zugänglich sind

Senkrecht

1 Merkmal, das anzeigt, dass eine Stichprobe die Population widerspiegelt
2 Bezeichnung für eine bestimmte Art der Stichprobenbildung in der qualitativen Forschung, bei der die Auswahl der TeilnehmerInnen an bestimmte Kriterien gebunden ist
3 Test zur inhaltlichen und formalen Überprüfung von Erhebungs- und Messinstrumenten
4 Kriterium für eine gute Forschungsfrage, das anzeigt, dass die Forschungsfrage bedeutsam ist
5 Theoretische Annahme über die Beziehung zweier oder mehrerer Variablen
6 Teil einer Population

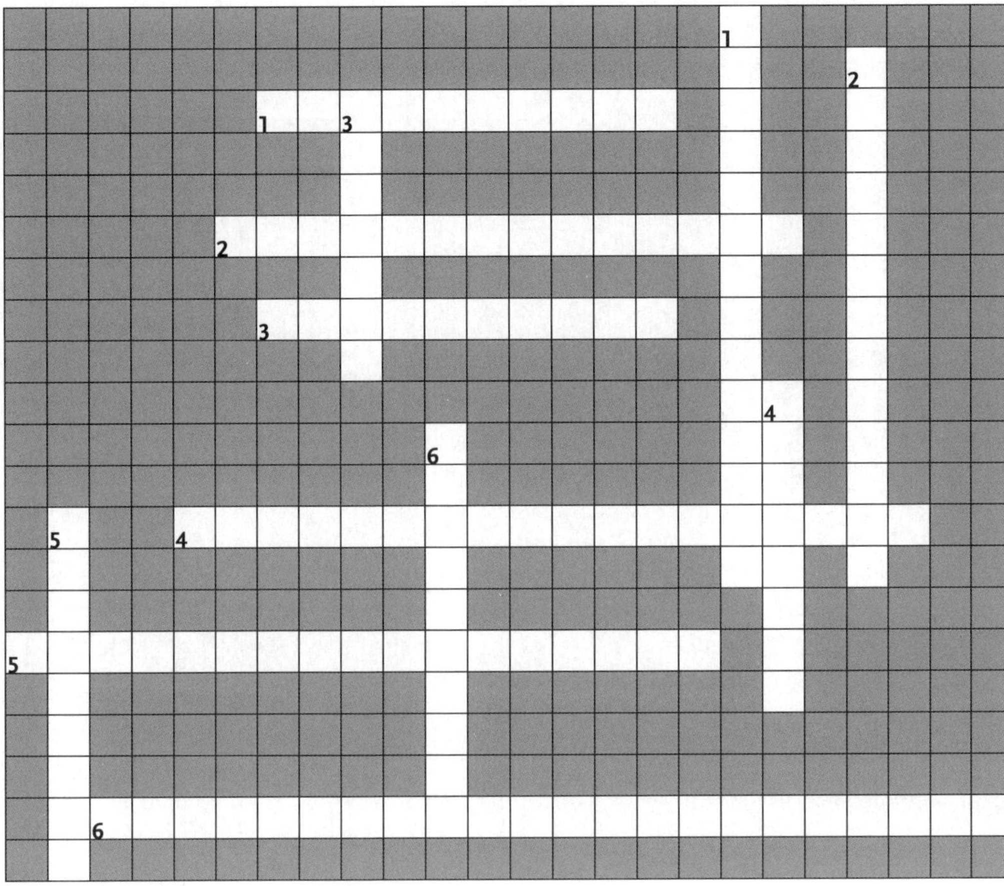

Notizen

Kapitel

5

1 Wenn eine Forschungsarbeit publiziert wird, ist sie normalerweise in fünf Schwerpunkte gegliedert. Wenn Sie die fehlenden Buchstaben einsetzen, erkennen Sie, welche dies sind. (Achtung: die Schwerpunkte befinden sich nicht in der richtigen Reihenfolge!)

T . E . . ETI . C . . .   T . I .

. . THO . . L . G . E

. IS . . . S . O .

. . NL . . T . . G

E . G . . . IS . . RST . L . UN .

Wenn Sie die gekennzeichneten Buchstaben in die richtige Reihenfolge bringen, erhalten Sie das Lösungswort.

Wie lautet die richtige Reihenfolge der Schwerpunkte?

1. ______________________________
2. ______________________________
3. ______________________________
4. ______________________________
5. ______________________________

2 Welche der folgenden Punkte sind in der *Einleitung* zu einer Publikation üblicherweise *nicht* enthalten?

1. Forschungsfragen ○
2. Hypothesen ○
3. Problemdarstellung ○
4. Theorien zum Forschungsproblem ○
5. Ziele der Arbeit ○
6. Anregungen zur Umsetzung in die Praxis ○

3 Ein Schwerpunkt bei einer Forschungspublikation ist die »Methodologie«. Was beinhaltet dieser Teil? Kreuzen Sie die richtigen Aussagen an:

Die Methodologie dient zur ...

1. Darstellung der Methode der Datenerhebung. ○
2. Beschreibung des theoretischen Hintergrundes der Arbeit. ○
3. Schilderung der Ausgangslage der Forschungsarbeit. ○
4. Darstellung der Methode der Datenauswertung. ○
5. Darstellung der Methode der Datenerhebung. ○
6. Beschreibung der Forschungsfrage bzw. der Problemdarstellung. ○
7. Beschreibung der Vorgangsweise bei der Datenerhebung und der Stichprobe. ○

4 Die abschließende Übung gilt dem Lesen und Bearbeiten einer Forschungsarbeit. Dazu braucht es viel spezifisches Wissen über Forschung (Ansätze, Designs, Methoden, Forschungsprozess etc.). Diese Kenntnisse konnten Sie im Einzelnen ja bereits anhand der Aufgaben der vorigen Kapitel überprüfen. Nun haben Sie die Gelegenheit, Ihr Wissen zu vernetzen und in der »Praxis« anzuwenden.

Suchen Sie sich eine Forschungsarbeit heraus, z. B. aus der Zeitschrift »Pflege« (am besten lassen Sie sich dabei durch Ihre Lehrerin oder Ihren Lehrer beraten!). Lesen und bearbeiten Sie die Forschungsarbeit und gehen Sie dabei in fünf Schritten vor.

Schritt 1
Verschaffen Sie sich einen Überblick über die Forschungsarbeit. Lesen Sie die Einleitung, das Inhaltsverzeichnis/die Überschriften der einzelnen Abschnitte und die Zusammenfassung.

Schritt 2

Stellen Sie nun folgende Fragen an die Arbeit:

- Wer ist der Autor/die Autorin?
- In welchem Land und in welchem Zusammenhang wurde die Studie durchgeführt?
- Werden die Ausgangslage geschildert und die Problemstellung klar formuliert?
- Welche theoretischen Grundlagen beschreibt die Autorin und was versteht sie unter den Hauptbegriffen?
- Besteht ein deutlicher Zusammenhang zwischen den Forschungsfragen und den theoretischen Grundlagen?
- Wie kommt die Autorin zu den Ergebnissen?
- Welche Methode zur Datenerhebung wurde gewählt, um die Forschungsfragen zu beantworten?
- Zu welchen Ergebnissen kommt die Autorin?
- Werden die Schlussfolgerungen logisch abgeleitet?
- Welche Bedeutung haben diese Ergebnisse für die Praxis?

Schritt 3

Lesen Sie die Forschungsarbeit so lange, bis Sie die gestellten Fragen beantworten können.

Schritt 4

Beantworten Sie die gestellten Fragen schriftlich und mit eigenen Worten. Dies ermöglicht ein besseres Verständnis der Arbeit und verbessert die Diskussionsmöglichkeit.

Schritt 5

Verschaffen Sie sich nach dem Lesen aller Abschnitte einen Überblick über alle Schwerpunkte der Arbeit und beurteilen Sie, ob die Studie in sich logisch ist. Formulieren Sie die Inhalte der Studie schriftlich mit eigenen Worten. Orientieren Sie sich dabei am EMED-Format!

> **HINWEIS**
> *Wissen Sie, wofür EMED steht? Wenn nicht, so lesen Sie in Kapitel 5 des Lehrbuchs in der Randspalte nach!*

Die Vorgangsweise, nach der Sie jetzt soeben gearbeitet haben, nennt man die SQ3R-Methode. Sie ermöglicht eine effiziente Bearbeitung von Texten in fünf Schritten. SQ3R ist eine Abkürzung für die englischen Worte »survey« = durchsehen, »question« = fragen und für die »drei r« »read« = lesen, »recite« = rezitieren und »review« = wiederholen. Diese Methode eignet sich für die Bearbeitung jeder Art von Text.

Wenn Sie diese Aufgabe gut bewältigt haben, so haben Sie ein zentrales Ziel des Pflegeforschungsunterrichts – nämlich Forschungsarbeiten verstehend lesen zu können – erreicht. Wir gratulieren!

5 Für Fortgeschrittene

Wenn Sie beim Lesen und Bearbeiten eines Artikels einen Schritt weitergehen, so gelangen Sie über das bloße Lesen, Zusammenfassen und Wiedergeben einer Studie hinaus zum kritischen Lesen. Kritisches Lesen bedeutet, die inhaltliche Qualität der Arbeit festzustellen. Da bei quantitativen und qualitativen Forschungsarbeiten verschiedene Kriterien gelten, müssen Sie die Arbeiten jedoch nach unterschiedlichen Gesichtspunkten bearbeiten, je nachdem, welchem Ansatz die Arbeiten folgen. Wenn Sie also Ihre Arbeit dem jeweiligen Ansatz zugeordnet haben, so versuchen Sie eine Einschätzung anhand des folgenden Fragekatalogs.

HINWEIS

Keine Studie ist perfekt! Je mehr Fragen für Sie offen geblieben sind, desto größere Vorsicht ist angebracht. Bedenken Sie aber, dass es sich bei Zeitschriftenartikeln um stark gekürzte Fassungen von Forschungsberichten handelt und dass nur anhand der Originalarbeit ein endgültiges Urteil gefällt werden kann!

Kritisches Abwägen der inhaltlichen Qualität quantitativer Forschungsarbeiten

Abschnitt	Fragen zur Einschätzung
Einleitung	Wurde die Ausgangslage so geschildert, dass die Problemstellung klar geworden ist? Ist das Forschungsproblem klar abgegrenzt?
Ziele	Sind die Ziele/ist das Ziel auf die Problemstellung hin ausgerichtet? Konnten die Ziele durch die Studie erreicht werden?
Forschungsfragen	Sind die Forschungsfragen präzise formuliert? Wurden sie operationalisiert? Konnten sie beantwortet werden?
Hypothesen	Wurden Hypothesen formuliert? Sind die unabhängigen und abhängigen Variablen klar definiert und ist ihre Beziehung zueinander dargestellt?
Theoretischer Teil	Ist die verwendete Literatur aktuell? Ist der theoretische Rahmen der Arbeit verständlich? Welche konzeptuellen Definitionen stehen hinter den verwendeten Begriffen und wie werden diese Definitionen beschrieben/begründet? Besteht ein Zusammenhang zwischen der besprochenen Fachliteratur und der Forschungsfrage/den Forschungsfragen? Wurde die aufgestellte Hypothese (die Beziehung der Variablen zueinander) theoretisch begründet? Werden aktuelle Forschungsergebnisse zum Thema diskutiert?

Empirischer Teil

Stichprobe	Wie wurde die Stichprobe ausgewählt? Auf welche Population kann diese Stichprobe übertragen werden? Ist die Größe der Stichprobe angemessen? Wie wird die Auswahl begründet?
Datenerhebung/ Vorgangsweise	Ist die Vorgangsweise nachvollziehbar? Sind die gewählten Methoden/ist die gewählte Vorgangsweise geeignet zur Beantwortung der Forschungsfrage? Kann das Gütekriterium der Objektivität durch die gewählten Methoden eingehalten werden?
Datenerhebung/ Datenauswertung	Gibt es Hinweise auf die Reliabilitäts- und Validitätsüberprüfung der eingesetzten Instrumente? Sind diese reliabel und valide? Welche deskriptiven und analytischen statistischen Berechnungsmethoden wurden eingesetzt? Wurden die kompletten Angaben zu den statistischen Tests gemacht? Entsprechen die jeweiligen Methoden dem Messniveau für jede Variable? Sind die Berechnungswerte vollständig angegeben?
Ergebnisdarstellung	Sind Ergebnisse und Interpretationen deutlich voneinander getrennt? Bezieht sich die Ergebnisdarstellung auf die Forschungsfragen oder die Hypothesen? Werden die Interpretationen begründet? Lassen sie sich aus den Ergebnissen ableiten? Wird in der Diskussion ein Bezug zum theoretischen Rahmen hergestellt?
Schlussfolgerungen	Lassen sich die Schlussfolgerungen aus den Ergebnissen ableiten/beziehen sich die Schlussfolgerungen auf die Ergebnisse? Entsprechen die Schlussfolgerungen den Ergebnissen? Welche Bedeutung haben die Empfehlungen für die Praxis? Wurden etwaige Schwächen der Studie aufgezeigt?

Kritisches Abwägen der inhaltlichen Qualität qualitativer Forschungsarbeiten

Abschnitt	Fragen zur Einschätzung
Einleitung	Wurde die Ausgangslage so geschildert, dass die Problemstellung klar geworden ist?
Ziele	Sind die Ziele/ist das Ziel auf die Problemstellung hin ausgerichtet? Konnten die Ziele durch die Studie erreicht werden?
Forschungsfragen	Sind die Forschungsfragen verständlich formuliert? Konnten sie beantwortet werden?
Theoretischer Teil	Wird das betreffenden Phänomen verständlich beschrieben? Wird der philosophische Hintergrund der Arbeit beschrieben? Ist die verwendete Literatur aktuell? Werden aktuelle Forschungsergebnisse zu diesem Thema diskutiert?
Empirischer Teil	
Stichprobe	Wie wird die Auswahl der TeilnehmerInnen beschrieben? Ist die Stichprobe nützlich und angemessen? Wie wird dies begründet?
Datenerhebung/ Vorgangsweise	Werden die Strategien zur Datenerhebung beschrieben? Ist die Vorgangsweise nachvollziehbar? Sind die gewählten Methoden/ist die gewählte Vorgangsweise geeignet zur Beantwortung der Forschungsfrage bzw. zur Erfassung des betreffenden Phänomens? Falls ein bestimmter Untersuchungsansatz gewählt wurde (z.B. Grounded Theory), wird die Studie mit den übereinstimmenden Prozessen zu Ende geführt?
Datenauswertung	Werden die zur Analyse der Daten eingesetzten Strategien beschrieben? Sind sie nachvollziehbar?
Ergebnisdarstellung	Ist die Ergebnisdarstellung verständlich und nachvollziehbar? Wird das betreffende Phänomen damit ausreichend beschrieben? Werden Interpretationen begründet? Lassen sie sich aus den Ergebnissen ableiten? Wird in der Diskussion ein Bezug zum theoretischen Hintergrund hergestellt bzw. wird darauf Bezug genommen, was bereits über das Phänomen bekannt ist?
Schlussfolgerungen	Welchen Beitrag zur Theorie- bzw. Konzeptentwicklung über das betreffende Phänomen leistet diese Arbeit? Welche Bedeutung hat dieses Konzept für die Praxis? Wurden etwaige Schwächen der Studie aufgezeigt?

Notizen

LÖSUNGSTEIL

Kapitel 1

1
2

1

Intuition, Erfahrung, Versuch und Irrtum, Tradition und Autorität, logisches Schlussfolgern, wissenschaftliches Erforschen

2

Intuition

Vorteile: rasches Handeln möglich; trifft den Kern des Problems

Nachteile: nicht steuerbar; keine systematische Vermehrung des Wissens; kann nicht gelehrt werden; abhängig von Erfahrung

Versuch und Irrtum

Vorteile: Fehler werden korrigiert; Wissen wird vermehrt

Nachteile: mühsam und zeitaufwändig; man sucht Lösungen, die vielleicht bereits von jemand anderem gefunden wurden; unangenehm für den Patienten

Erfahrung

Vorteile: stellt sich im Lauf der Zeit von selbst ein; erlaubt rasches Handeln; gibt Sicherheit

Nachteile: subjektiv und individuell; wird unsystematisch gewonnen; wird oft unkritisch hingenommen; begrenzt

Tradition und Autorität

Vorteile: entlastet von Verantwortung und gibt Sicherheit; baut auf Bewährtem auf

Nachteile: wird oft unkritisch hingenommen; ist schwierig zu hinterfragen

logisches Schlussfolgern

Vorteile: erlaubt gezieltes Handeln; ermöglicht Verständnis der Situation

Nachteile: kann bei komplizierten, unüberschaubaren Situationen nicht angewendet werden; ungeeignet für Situationen, in denen es um Gefühle geht

wissenschaftliches Erforschen

Vorteile: Überprüfung und Beweis sind möglich; verlässlich

Nachteile: zeitaufwändig, daher kein rasches Handeln möglich; kompliziert

3

1. Versuch und Irrtum; 2. wissenschaftliches Erforschen; 3. Tradition und Autorität; 4. Intuition; 5. wissenschaftliches Erforschen

4

Logik ist Denken, das bestimmten Regeln folgt.

5

Wissenschaftliches Erforschen basiert auf **logischen** Gedankengängen. Es bietet die Möglichkeit, **Ahnungen, Vermutungen**, Aussagen von **Autoritäten** und logische **Schlüsse** zu **überprüfen** und zu beweisen.

6

2

Merke: Logisches Denken ist der Beginn aller Wissenschaft. Wissenschaft richtet sich nach logischem Denken und baut auf ihm auf. Wissenschaft kann über logisches Denken hinausgehen, steht aber niemals in Gegensatz zu ihm.

7

3

8

richtig: 2, 6

9

6

10

1. Deduktion. Begründung: Es gibt eine allgemeine Aussage, die nun konkret, also empirisch geprüft wird.
2. Induktion. Begründung: Aufgrund von (Einzel-)Beobachtungen und (Einzel-)Gesprächen versucht die Lehrerin zu einer allgemeinen Aussage zu kommen (Schluss vom Besonderen auf das Allgemeine).
3. Deduktion. Aufgrund theoretischer Erkenntnisse und Erfahrung wird eine (allgemein gültige) Hypothese aufgestellt, die dann geprüft wird, ob sie sich in der Realität, d.h. im konkreten Fall, auch bewahrheitet.

11

Das Alltagsdenken versucht Zweifel zu vermeiden. Wissenschaftliches Denken zweifelt stets an der gewonnenen Erkenntnis – es systematisiert den Zweifel.

12

Alltag: nicht-systematisiertes Wissen, nicht-organisierte Erkenntnis, routiniertes Handeln, Vermeidung von Zweifel, Sicherung des Erkannten, Vermeidung von Alternativen, Konzentration auf eine Deutung, vorwiegend mündlich weitergegebene Erkenntnis, erfahrungsnahe Sprache

Wissenschaft: systematisiertes Wissen, organisierte Erkenntnis, reflektiert-methodisches Handeln, Systematisierung des Zweifels, Zweifel am Erkannten, Aufdecken von und Suche nach Alternativen, selbstverständliche Annahme von Mehrdeutigkeiten, in schriftlicher Form weitergegebene Erkenntnis, erfahrungsferne Sprache

13

Beide Definitionen sind richtig. Wissenschaft ist zweierlei: Sie ist sowohl Forschung und Theoriebildung als auch die Gesamtheit der Erkenntnisse, die dadurch gewonnen wird.

14

3

15

Der Positivismus hat diesen Namen, weil er auf der Vorstellung einer *positiven* (d.h. gesetzten, gegebenen, wirklich vorhandenen) Realität beruht. Der Interpretativismus hingegen behauptet, dass es in verschiedenen Zusammenhängen verschiedene Wahrheiten gibt, die erst durch *Interpretation* gefunden werden.

16

Positivismus: Deduktion, vorgegebene Realität, messbar, Gesetzmäßigkeit, erklären, Objektivität, endgültige Wahrheit, Naturwissenschaft

Interpretativismus: Induktion, Philosophie, verstehen, Subjektivität, Anthropologie, vom Zusammenhang abhängige Wahrheit, Interpretation

17

Das Ziel von Forschung ist **die Vermehrung von Wissen**. Man kann es erreichen durch **systematische, geplante Methoden, deren Grundlage die Logik ist.**

18

Wissen wird vermehrt, indem man

1. unbekannte Daten und Fakten findet und
2. neue Beziehungen zwischen schon bekannten Tatsachen aufzeigt.

19

Senkrecht: Intuition, Induktion

Waagrecht: Wissenschaftstheorie, Sozialwissenschaften, Naturwissenschaften, Deduktion, Hypothese

Kapitel 2

1

Schlüsselkonzepte sind zentrale Begriffe, d.h. Grundlagen des theoretischen Denkens in der Pflege.

2

1. Person, 2. Umwelt, 3. Wohlbefinden, 4. pflegerisches Handeln

3

Ein Paradigma ist eine beispielhafte Struktur oder ein Muster. In der Wissenschaft bezeichnet Paradigma eine gerade gängige Auffassung, die von so gut wie allen WissenschaftlerInnen geteilt wird. Die Änderung dieser Auffassung im Lauf der Zeit nennt man Paradigmenwechsel. Der Paradigmenwechsel in der Pflege besteht darin, dass die Pflege sich von der Krankheitsorientierung hin zur Orientierung an der Gesundheit bzw. Gesunderhaltung des Menschen bewegt.

4

Krankenpflegeforschung ist Forschung auf dem Gebiet des **Gesundheitswesens**, in dem die Krankenschwester den größten Teil der Verantwortung trägt. Krankenpflegeforschung bemüht sich, **das Wissen** zu vermehren, das die Schwester braucht, um effektiv zu wirken.

5

Pflegeforschung ist das Mittel der Pflegewissenschaft, um

- **Theorien** zu überprüfen,
- Fragestellungen aus **der Praxis** aufzugreifen und zu beantworten und
- Grundlagen für die Entwicklung neuer **Theorien** zu liefern. Kenntnisse und Erfahrungen, Handlungen und Wissenschaft werden durch Forschung **vernetzt**.

6

Forschung und Praxis beruhen auf zwei ganz unterschiedlichen Traditionen. Forschung steht in der Tradition der **Wissenschaft**. Die Pflegepraxis steht in der Tradition des Dienens und Helfens; sie hat keine intellektuelle, sondern eine handlungsorientierte Tradition. Außerdem stützt die Pflegepraxis sich v.a. auf die Erkenntnisse anderer Wissenschaften (z.B. der Medizin) und gibt sich damit zufrieden. Pflegeforschung hingegen meint, dass Pflege eigenes Wis-

sen beinhaltet, also ein eigenes Wissensgebiet darstellt – **das allerdings erst entwickelt werden muss**.
Pflegen und heilen sind ursprünglich Tätigkeiten, die von ein und derselben Person ausgeübt wurden. Im 19. Jahrhundert **entfernten sich die beiden Bereiche voneinander**. Das Heilen ging in der Medizin auf, die zur Wissenschaft wurde. Das Pflegen wurde zu einem wichtigen Aufgabenbereich der Frauen, **die im Zuge der Frauenbewegung (Emanzipation) eine berufliche Tätigkeit suchten**.
Die Pflege wurde der Medizin **untergeordnet** und als Hilfsberuf **ohne eigenes** Wissensgebiet angesehen. Man war der Ansicht, dass Pflegende sich **nicht** intellektuell zu betätigen (d. h. **nicht** nachzudenken und **nicht** zu forschen) **brauchten und auch gar nicht dazu im Stande waren.**
Die **Hypurgie**, die »Wissenschaft und Kunst von der Verwendung der unterstützenden Hilfsmittel«, wurde als Teilbereich der Krankenpflege angesehen. Sie beschäftigte sich mit Pflegethemen: der Lagerung der Kranken, der Gestaltung ihrer Umgebung, der Ernährung etc. Auf diese Weise wurde erstmals der Gegenstand der Pflegeforschung umschrieben. Die **Hypurgie** als wissenschaftliche Disziplin **kann als Vorläuferin der Pflegewissenschaft gelten**.
Die Pflegewissenschaft kam in den USA erstmals an die Universitäten. Der erste Lehrstuhl wurde **1907** in New York an der Columbia Universität eingerichtet und an **Adelaide Nutting** vergeben. Die erste wissenschaftliche Zeitschrift hieß »Nursing Research«. Das erste Land Europas, in dem Pflegewissenschaft an der Universität gelehrt wurde, war **Großbritannien**.

7
Die vier Absätze des vorangegangenen Textes aus Lösung 6 entsprechen in ihrer Reihenfolge den Antworten auf die Fragen.

8
In erster Linie ist mit Institutionalisierung die Etablierung der Pflegeforschung an **den Universitäten** gemeint. Darüber hinaus bedeutet Institutionalisierung von Forschung
1. die Errichtung von universitären und außeruniversitären **Forschungsinstituten**,
2. die Verankerung der Forschung im **klinischen Bereich**,
3. die Herausgabe von wissenschaftlichen **Zeitschriften** und
4. die Veranstaltung wissenschaftlicher **Tagungen/Kongresse**.

9
Wissenschaftliche Zeitschriften und Tagungen gibt es, damit Forschungsergebnisse veröffentlicht und einem breiten Publikum zugänglich gemacht werden können. Dies ist die Voraussetzung dafür, dass Forschungsergebnisse in der Praxis angewendet werden.

10

1. Theorieentwicklung, 2. Verbesserung der Pflege und damit der Situation der Patienten, 3. Professionalisierung der Pflege

11

1. Die konkrete Pflegepraxis, 2. die Organisation der Pflegepraxis

12

Forschung zur Berufsgruppe: Untersuchungen zum Anteil von Männern und Frauen in der Pflege – Untersuchungen zum durchschnittlichen Einkommen der Pflegenden – Untersuchungen zur Motivation, den Pflegeberuf zu ergreifen – Untersuchungen zum Ausstieg aus dem Pflegeberuf
Forschung zur Berufsausübung: Untersuchungen zu den Belastungen der Pflegenden – Untersuchungen zu den Karrierechancen in der Pflege – Untersuchungen zum Helfer-Syndrom in der Pflege – Untersuchungen zum Verhältnis zwischen Medizin und Pflege
Forschung zur Geschichte der Pflege: Untersuchungen zur Entwicklung des Pflegeberufs – Untersuchungen zur Rolle der Pflegenden in der NS-Zeit – Untersuchungen darüber, welche Faktoren für den schleichenden Verlust der Kommunikation zwischen Pflegeperson und PatientIn ausschlaggebend sind – Untersuchungen zum Einfluss der katholischen Kirche auf die Entwicklung der Berufsgruppe
Anmerkung: Untersuchungen zum Einfluss der katholischen Kirche auf die Entwicklung der Berufsgruppe können auch der Forschung zur Berufsausübung zugeordnet werden.

13

5

14

1. Pflegepraxis, 2. Pflegeberuf, 3. Ausbildung

15

Forschung sollte grundsätzlich von denjenigen Wissenschaftlern durchgeführt werden, die dieser Wissenschaft angehören, denn sie sind diejenigen, die sich darin am besten auskennen. So wird die Physik z. B. meistens nicht von Biologen erforscht, sondern von Physikern, die Architektur nicht von Chemikern, sondern von Architekten. Darüber hinaus ist gerade der Pflegeberuf in so vielen Bereichen fremdbestimmt, dass diese Fremdbestimmung nicht auch in der Forschung unreflektiert fortgesetzt werden sollte.

16

Umfassende wissenschaftliche Kenntnisse: **Pflegewissenschaftlerlnnen**. Einige Kenntnisse über Forschung: **Pfle-**

gepersonen, die Studien durchführen oder an größeren Projekten teilnehmen wollen. Verständnis für Forschung: alle Pflegepersonen

17

Verständnis für Forschung bedeutet, zu verstehen, dass Forschung die **notwendige Basis** für die berufliche Praxis ist; fähig zu sein, Forschungsergebnisse zu **lesen** und **anzuwenden**; darauf vorbereitet zu sein, die praktische Tätigkeit anhand von Forschungsergebnissen zu **überprüfen**.

18

1, 4, 7, 8, 9, 11

19

Angewandte Forschung ist Forschung, die die Lösung bestimmter praktischer Anliegen zum Ziel hat. Grundlagenforschung ist Forschung, die sich mit der Überprüfung und Vervollkommnung von Erkenntnisgrundlagen und Theorien einer Wissenschaft beschäftigt.

20

1

21

1. kommunikationsbedingt, 2. ausbildungsbedingt, 3. umfeldbedingt, 4. beruflich und persönlich bedingt

22

2, 5, 4, 1, 7, 3, 6

23

Auf Beweisen beruhende (beweisbasierte) Pflege.

24

2, 5

25

EBN ist eine Methode, die, wie der Name sagt, mit Beweisen arbeitet. Viele Pflegephänomene lassen sich jedoch nicht »beweisen«. Der Beweis ist Bestandteil des naturwissenschaftlichen, empirischen Denkens und Vorgehens. Pflege beschäftigt sich jedoch mit vielen Phänomenen, die mithilfe der Naturwissenschaft nicht erfasst werden können (z. B. Schmerz, Angst, Trauer etc.). Diese Phänomene müssen mithilfe von qualitativen oder interpretativen Verfahren erforscht werden. Die Ergebnisse dieser Verfahren sind jedoch nicht im strengen Sinne »beweisbar«.

26

1. Umfassende Information und freiwillige Zustimmung aller TeilnehmerInnen (freiwillige Zustimmung), 2. Anonymität, 3. Schutz des Einzelnen vor physischen und psychischen Schäden

27

1. Das Recht auf **Informationen**, die für die **Entscheidung** notwendig sind, 2. die Freiheit der **Entscheidung** (d.h. die **Entscheidung** darf nicht **erzwungen** sein), 3. das Recht, die **Teilnahme** an der **Untersuchung zu verweigern**, 4. das Recht, **jederzeit** aus der **Untersuchung auszusteigen**.

28

4

29

Ethikkommissionen prüfen Forschungsprojekte, um sicherzustellen, dass ethische Standards eingehalten werden und dass der Schutz der Versuchspersonen gesichert ist.

30

In einem solchen Entwurf sollte Folgendes enthalten sein: 1. Informationen über das Ziel des Projekts, 2. das Vorgehen (d.h. auf welche Weise die Beobachtungen erfolgen), 3. der Umgang mit den erhobenen Daten (d.h. wer Einblick hat etc.), 4. Informationen darüber, wie und wo die Ergebnisse veröffentlicht werden, 5. Informationen darüber, auf welche Weise der Schutz der Patienten gewährleistet wird.

31

Beispiel 1: Die beste Lösung ist 2 (4 gilt jedoch auch als Lösung). Beispiel 2: Die beste Lösung ist 3 (2 gilt jedoch auch als Lösung). Beispiel 3: 2

32

Waagrecht: 1. Cure, 2. WENR, 3. Pflegewissenschaft, 4. Anonymitaet, 5. Ethikkommission, 6. Forschungskompetenz, 7. Epidemiologie, 8. Demografie
Senkrecht: 1. Umwelt, 2. Seidl, 3. Nutting, 4. Ethik, 5. Care, 6. Hockey, 7. EBN, 8. Pflege

Kapitel

3

1

Prinzip der **Natur**wissenschaften – Prinzip der **Geistes-** und **Human**wissenschaften; objektiv – **subjektiv**; **deduktiv** – induktiv; theoriegeleitet – **theorieentwickelnd**; **standardisiert** – offen; Entwicklung von **Gesetzmäßigkeiten** – Entwicklung von **Konzepten** und **Theorien**

2

Quantitative Forschung ist **theorie**geleitet. Sie bedient sich **standardisierter** Erhebungsmethoden und verwendet **statistische** Techniken, um Daten auszuwerten. Ihr Ziel ist es, möglichst **objektive** (von den ForscherInnen unabhängige) nummerische Daten (**Zahlen**) zu produzieren, diese miteinander in Verbindung zu setzen und daraus allgemein **gültige** Aussagen abzuleiten.

Mit qualitativer Forschung will man Phänomene des menschlichen **Erlebens** möglichst ganzheitlich und von innen heraus (»**subjektiv**«) erfahren und verstehen. Man bedient sich dabei **offener**, nicht **standardisierter** Erhebungsverfahren und wertet die Daten aus, indem man sie interpretiert (**interpretative** Auswertungsmethoden). Man erhält keine nummerischen Daten, sondern **Beschreibungen**. Eine Verallgemeinerung der Daten wird nicht angestrebt, denn das Ziel besteht darin, **Theorien** zu entwickeln.

3

1. Grounded Theory. Begründung: Es geht um die Erforschung eines sozialen Prozesses.
2. Ethnografie. Begründung: Die geschlossene Psychiatrie wird als Lebensraum angesehen.
3. Phänomenologie. Begründung: Bei dieser Fragestellung geht es darum, zu verstehen, wie die Patientin ihren Körper erlebt und was die Operation für sie bedeutet.
4. Ethnografie. Begründung: Hier ist die Frage nach verschiedenen Kulturen bereits im Thema enthalten.

4

Quantitative Forschung: Objektivität, Validität, Reliablilität
Qualitative Forschung: argumentative Interpretationsabsicherung, Verfahrensdokumentation, Nähe zum Gegenstand, kommunikative Validierung, Regelgeleitetheit

5

Objektivität = Unabhängigkeit der Testergebnisse von der Forscherin. *Reliabilität* = Zuverlässigkeit eines Instruments, d.h. zeigt an, ob ein Instrument bei wiederholten Messungen immer wieder zum gleichen Ergebnis kommt. *Validität* = Gültigkeit, d.h. zeigt an, ob ein Instrument tatsächlich das misst, was es messen soll. *Argumentative Interpretationsabsicherung* = Schlüssigkeit und Nachvollziehbarkeit von Interpretationen. *Verfahrensdokumentation* = Beschreibung des Prozesses bis ins Detail, um ihn nachvollziehbar zu machen. *Regelgeleitetheit* = Einhalten von Regeln bei der Durchführung der Forschungsarbeit. *Nähe zum Gegenstand* = Nähe zur Lebenswelt der Betroffenen, das Ansetzen an konkreten sozialen Problemen. *Kommunikative Validierung* = Überprüfung der Gültigkeit der Ergebnisse, indem man den Betroffenen die Daten vorlegt und mit ihnen darüber diskutiert.

6

3

7

1. Zusammenarbeit zwischen Forschenden und PraktikerInnen, 2. Lösung praktischer Probleme, 3. Veränderung der Praxis

8

1. planen, 2. handeln, 3. beobachten, 4. reflektieren

9

Unter Evaluationsforschung versteht man die Anwendung wissenschaftlicher Forschungsmethoden und -techniken zur Bewertung von Programmen, Behandlungen, Dienstanweisungen oder der Praxis.

10

Formative Evaluation: 3. Summative Evaluation: 2

11

Von oben nach unten (bzw. von links nach rechts): Randomisierung, unabhängige Variable, Versuchsgruppe, Kontrollgruppe, Kontrollvariablen, abhängige Variablen, Unterschieds

12

Unabhängige Variable = diejenige Variable, die in die experimentelle Untersuchung hineingetragen und bewusst verändert wird.
Abhängige Variable = die in der Forschung gemessene Verhaltensweise oder Reaktion, von der man annimmt, dass sie sich verändert.
Störvariable = ein äußerer Einfluss auf das Experiment, der nicht kontrolliert werden kann.

13

Eine Hypothese ist eine Vermutung über die Beziehung zwischen zwei oder mehreren Variablen, die durch eine Untersuchung überprüft wird.

14

1. Randomisierung, 2. Manipulation der unabhängigen Variablen, 3. Messung der abhängigen Variablen, 4. Kontrolle der beeinflussenden Variablen

15

Diskutieren Sie das Ergebnis dieser Aufgabe mit Ihren KollegInnen bzw. LehrerInnen!

16

Alternativvorgaben: 2; Mehrfachvorgaben mit Rangordnung: 5; ungeordnete Mehrfachvorgaben: 1; Likert-Skala: 4; Hybridfragen: 3

17

1. Zu abstrakt (»Lebensqualität«). Der Begriff »Lebensqualität« muss erst operationalisiert, d.h. in verschiedene Merkmale aufgegliedert werden, nach denen dann gefragt werden kann. Deshalb gibt es hier keine korrekte Antwortvorgabe. 2. Nach zwei Dingen auf einmal gefragt. *Korrekte Antwortvorgabe:* Würden Sie gerne auf einer Palliativstation arbeiten? Wenn ja: Würden Sie dort gerne die Stationsleitung übernehmen? 3. Suggestiv. *Korrekte Antwortvorgabe:* Sollten SchülerInnen Ihrer Meinung nach Wochenenddienste machen? 4. Doppelte Verneinung. *Korrekte Antwortvorgabe:* Sind Sie der Meinung, dass KrankenpflegelehrerInnen Praktika machen sollten?

18

1. Es gibt Überschneidungen bei den Antworten (wo kreuzen Sie an, wenn Sie 20 Jahre alt sind?).
Korrekte Antwortvorgabe: Entweder
15–20 Jahre
21–30 Jahre
31–40 Jahre
41–50 Jahre
über 50 Jahre
Oder Sie fragen offen: Wie alt sind Sie? ... Oder, noch genauer: Sie fragen nach dem Geburtsjahr!
2. Diese Frage ist als Alternativfrage formuliert, sie ist aber keine Alternativfrage. Was, wenn sich einige Personen vorgestellt haben, andere aber nicht? Korrekte Antwortvorgabe: z.B. Alle/einige/keiner
3. Hier sind zwei Fragen durcheinander geraten! Fragen Sie nach der Tatsache (ja/nein)? Oder danach, ob die Informationen ausreichend waren (dann müsste die Frage entsprechend formuliert werden). Korrekte Antwortvorgabe: ja/nein
4. Hier fehlt eine Antwortmöglichkeit. Was kreuzen Sie an, wenn Sie bei Langeweile genauso viel essen wie sonst (d.h. wenn Langeweile Ihr Essverhalten nicht beeinflusst)? Korrekte Antwortvorgabe: mehr/weniger/genauso viel wie sonst

5. Hier gibt es ein Ungleichgewicht in den Antwortvorgaben. Sie sind nicht ausgewogen verteilt. Korrekte Antwortvorgabe: sehr viel / viel / wenig / gar keinen
6. Auch hier wurden wieder verschiedene Fragen vermischt! Korrekte Antwortvorgabe: Entweder: positiv / negativ
Oder: angenehm / unangenehm (bzw. Abstufungen davon)
Oder: notwendig / unnötig (bzw. Abstufungen davon)

19

Standardisiertes Interview: standardisierter Fragebogen, fix vorgegebene Fragen, geschlossenen Fragen, passive Rolle der Interviewpartnerin, aktive Rolle der Interviewerin, Instrument zur Erhebung quantitativer Daten
Halb standardisiertes Interview: Zwischen- und Verständnisfragen, Reihenfolge der Fragen ist variabel, Interviewleitfaden
Nicht standardisiertes Interview: offenes Interview, Idealform des qualitativen Interviews, aktive Rolle der Interviewpartnerin, passive Rolle der Interviewerin

20

Bei qualitativen Interviews handelt es sich um nicht oder **halb standardisierte**, persönliche **mündliche** Befragungen. Es werden ausschließlich **offene** Fragen gestellt, der Interviewstil ist **weich** (die Interviewerin versucht ein **Vertrauens**verhältnis zur Interviewpartnerin zu entwickeln).

21

Do's: aufmerksames, interessiertes Zuhören; Konzentration auf die Person, mit der man spricht; der Befragten das Gefühl geben, da zu sein; die Gesprächspartnerin ermutigen (Kopfnicken, aufmunternde Zwischenbemerkungen); eine neutrale Umgebung schaffen; auf die nonverbale Kommunikation (Körpersprache) achten
Dont's: zu viele Fragen auf einmal stellen; allzu simple Fragen stellen (Ja-nein-Fragen); die Gesprächspartnerin antreiben; beraten; die eigene Meinung von sich geben

22

Diskutieren Sie das Ergebnis dieser Aufgabe mit Ihren KollegInnen bzw. LehrerInnen!

23

Waagrecht: nicht teilnehmend, Feldbeobachtung, teilnehmend, Wahrnehmung, Laborbeobachtung, Datenerhebung, objektiv, Verhalten, selektiv, Selbstbeobachtung, verdeckt, Videogeräte, unstrukturiert, Beobachtungskriterien
Senkrecht: strukturiert, Medien, Beobachtungsobjekt, Beobachtung, Dauer, Zeitpunkt, offen

24

Offene Beobachtung = die Beobachteten wissen, dass sie beobachtet werden; *verdeckte Beobachtung* = die Beobachtung erfolgt ohne Kenntnis der Beobachteten; *teilnehmende Beobachtung* = die Forscherin ist selbst Teil der Situation, die sie beobachtet; *nicht teilnehmende Beobachtung* = die Forscherin verfolgt Ereignisse und Handlungen, ohne sich daran zu beteiligen; *strukturierte Beobachtung* = der Beobachtung liegt ein standardisiertes Schema zu Grunde; *unstrukturierte Beobachtung* = es werden alle Ereignisse, Handlungen etc. mittels Beschreibung festgehalten; *Feldbeobachtung* = findet im natürlichen Umfeld der Beobachteten statt; *Laborbeobachtung* = findet in einer Umgebung statt, die eigens für die Beobachtung eingerichtet wurde; *Fremdbeobachtung* = man beobachtet fremdes Verhalten; *Selbstbeobachtung* = Beobachter und Beobachtete sind identisch.

25

Diskutieren Sie das Ergebnis dieser Aufgabe mit Ihren KollegInnen bzw. LehrerInnen!

26

Nominalskala = einfache Klassifizierung = ledig – verheiratet – geschieden
Ordinal(Rang-)Skala = relative Rangfolge = sehr belastend – eher belastend – eher nicht belastend – nicht belastend
Intervallskala = Rangfolge mit gleichen Intervallen =
−10 °C   −5 °C   0 °C   +5 °C   +10 °C
Ratio- oder Verhältnisskala = Rangfolge mit gleichen Intervallen und absolutem Nullpunkt =
0 kg I—I—I—I—I—I—I—I—I—I—I 100 kg

27

Der *Median* ist der Wert, bei dem 50% der Ergebnisse darüber und 50% darunter liegen. Das *arithmetische Mittel* ist die Summe der Werte, geteilt durch die Anzahl der Werte. Die *Standardabweichung* zeigt den Bereich an, in dem die meisten Werte zu finden sind. Sie wird immer gemeinsam dem Mittelwert angegeben. Mittels *Korrelationen* kann man Zusammenhänge prüfen. Ein *negativer Zusammenhang* ($r = -1$) bedeutet, dass ein Faktor größer ist, wenn der andere kleiner ist und umgekehrt. *Signifikant 5%* heißt, dass ein Unterschied oder ein Zusammenhang mit einer Wahrscheinlichkeit von 95% nicht zufällig ist.

28

Diagramm 1: 20%, 28%, 24%, 10%, 18%
Diagramm 2: 20%, 10%, 5%, 55%, 20%
Diagramm 3: 12%, 30%, 44%, 14%
Diagramm 4: 25%, 50%, 10%, 15%

29

Reduktiv-interpretative Analyse: 5. Explikativ-interpreative Analyse: 2

30

Waagrecht: 1. Leitfaden, 2. Median, 3. narrativ, 4. offen, 5. selektiv, 6. reduktiv, 7. Labor, 8. nominal, 9. Feld
Senkrecht: 1. Interview, 2. teilnehmend, 3. deskriptiv, 4. Randomisierung, 5. Faktfragen, 6. Korrelation, 7. Variable, 8. evaluieren, 9. analytisch

Kapitel 4

1

2, 3, 6

2

1. Thema, 2. Bestimmung von Ziel und Forschungsfrage, 3. Literaturstudium, 4. Eingrenzung der Forschungsfrage, Begriffsklärung und gegebenenfalls Hypothesenbildung, 5. Festlegen der Vorgangsweise, 6. Ausarbeitung der Forschungsinstrumente, 7. Vortest, 8. Datenerhebung, 9. Auswertung und Interpretation der Ergebnisse, 10. Schlussfolgerungen, 11. Veröffentlichung

3

Eine **Forschungsfrage** ist die **ausdrückliche** Frage nach einem **Problem**. Es soll in Frage gestellt, untersucht und **analysiert** werden, so dass **neue**, nützliche **Informationen** erzielt werden können.

4

präzise, relevant, erforschbar

5

1. Qualitativ. Begründung: Es wird nach nicht messbaren und nicht miteinander vergleichbaren Erlebnissen gefragt.
2. Quantitativ. Begründung: Es geht darum, ein Mehr oder Weniger von Schmerz, d. h. ein Ausmaß, eine Quantität festzustellen.
3. Quantitativ. Es wird einerseits nach einem Ausmaß (von Lebensqualität) gefragt, andererseits nach einer gut messbaren Größe (Lebenserwartung).
4. Quantitativ. Begründung: Es wird nach einem persönlichen Erleben gefragt, das man verstehen möchte.
5. Quantitativ. Begründung: Es wird wiederum nach einem Ausmaß (wie hoch?) gefragt.
6. Qualitativ. Begründung: Ziel der Frage ist das Verstehen eines zwischenmenschlichen Prozesses.
7. Quantitativ. Begründung: Man fragt nach dem Ausmaß einer Veränderung, nach einem Mehr oder Weniger.
8. Qualitativ. Begründung: Es wird einerseits nach der persönlichen Bedeutung eines Erlebnisses/Zustandes gefragt, andererseits nach der Bedeutung einer bestimmten Kultur.
9. Qualitativ. Begründung: Es wird wiederum nach der Bedeutung eines persönlichen Erlebens gefragt.

6

1. Um Forschungsarbeiten zu finden, die zu diesem Thema bereits gemacht wurden. 2. Um sich einen Überblick zu ver-

schaffen, welche Fragen rund um das gewählte Thema bereits beantwortet wurden. 3. Um an das Erforschte sinnvoll anzuknüpfen. 4. Um Ideen zum Thema zu finden. 5. Um das Thema abzugrenzen. 6. Um die Forschungsfrage(n) zu präzisieren. 7. Um den theoretischen Rahmen festzulegen.

7

1. Fachbibliotheken, 2. Universitätsbibliotheken, 3. fachbezogene Datenbanken, 4. Internet

8

2, 3, 6, 7

9

richtig: 1, 3, 6

10

3, 5, 8, 1, 7, 2, 6, 4

11

2

12

5

13

1. Untersuchungsdesign/Wahl der Methode, 2. Bestimmung der Stichprobe, 3. ethische Aspekte, 4. finanzielle und personelle Ressourcen, 5. Erlangen von Erlaubnissen

14

richtig: 6, 7, 9

15

1. Gelegenheitserhebung, 2. gezielte Erhebung, 3. Wahrscheinlichkeitserhebung

16

Gelegenheitsstichprobe = die nächsten 100 Patienten, die Chemotherapie erhalten; *Wahrscheinlichkeitsstichprobe* = 500 Berlinerinnen, die nach dem Zufallsprinzip gezogen werden; *gezielte Stichprobe* = Frauen, bei denen ein Kinderwunsch besteht und die sich einer Uterusentfernung unterziehen müssen.

17

richtig: 2, 5

18

Beide Schreibweisen sind richtig! »Pretest« (sprich: »pritest«) ist die englische Bezeichnung, »Prätest« die deutsche, in der das lateinische Wort »prae« (prae = vor, vorne) enthalten ist.

19

Balken, Sektoren, Säulen, Kreis, Kurven

20

Ergebnisse qualitativer Studien werden mit **Worten** beschrieben. Der Text wird meist anhand der **Kategorien** gegliedert. Zu Beginn der Darstellung gibt man oft einen **Überblick** über die **Kategorien** und deren **Verbindungen** und **Zusammenhänge**. Man verwendet dafür eine **Grafik** oder ein Schaubild.

21

Waagrecht: 1. Population, 2. Guetekriterien, 3. Diskussion, 4. operationalisieren, 5. Forschungsprozess, 6. Gelegenheitsstichprobe

Senkrecht: 1. repraesentativ, 2. zweckgebunden, 3. Pretest, 4. relevant, 5. Hypothese, 6. Stichprobe

Kapitel 5

1

Die Schwerpunkte in der richtigen Reihenfolge lauten:
1. Einleitung, 2. theoretischer Teil, 3. Methodologie, 4. Ergebnisdarstellung, 5. Diskussion.
Das Lösungswort heißt LESEN.

2

4, 6 (Anregungen zur Umsetzung in die Praxis werden in der Diskussion am Schluss der Arbeit gegeben, nicht in der Einleitung. Auch die Theorien zum Forschungsproblem werden üblicherweise nicht in der Einleitung, sondern im theoretischen Teil dargestellt. Es gibt jedoch Arbeiten, deren theoretischer Teil so knapp gehalten ist, dass man ihn bereits in der Einleitung abhandelt.)

3

1, 4, 5, 7

4 + 5

Diskutieren Sie das Ergebnis dieser Aufgaben mit Ihren KollegInnen bzw. LehrerInnen!